첫 번 째
마 크 라 메

첫 번째 마크라메

—

2018년 7월 5일 1판 1쇄 발행
2020년 8월 20일 1판 5쇄 발행

—

지은이 이선미
펴낸이 이상훈
펴낸곳 책밥
주소 03986 서울시 마포구 동교로23길 116 3층
전화 번호 070-7882-2311
팩스 번호 02-335-6702
홈페이지 www.bookisbab.co.kr
등록 2007.1.31. 제313-2007-126호.

—

기획·진행 박미정
디자인 디자인허브
사진 안수경 이선미

—

ISBN 979-11-86925-46-1 (13630)
정가 16,000원

책밥은 (주)오렌지페이퍼의 출판 브랜드입니다.

이 도서의 국립중앙도서관 출판예정도서목록(CIP)은 서지정보유통지원시스템 홈페이지
(http://seoji.nl.go.kr)와 국가자료공동목록시스템(http://www.nl.go.kr/kolisnet)에서
이용하실 수 있습니다. (CIP제어번호: CIP2018019119)

첫 번째
마크라메

FIRST MACRAMÉ

이선미 지음

책밥

·
프 롤 로 그

생각을 비우고 매듭을 하나하나 엮다 보면 어느 순간 마음이 편안해지고 치유되는 것을 느낄 수 있어요. 손끝으로 온전한 나를 느낄 수 있게 됩니다.
마크라메(macramé)는 그렇게 제 삶과 시간 속에 스며들게 되었습니다.

서울에서 직장 생활을 하던 중 우연히 마크라메를 알게 되었고, 퇴근 후 새벽이나 주말처럼 시간 날 때마다 마크라메를 공부하고 익히며 빠져 지냈어요. 예쁜 꽃이나 화려한 재료를 다루지 않아도 실을 만지고 매듭을 넣는 것만으로 너무 아름답고 우아하게 느껴졌어요.
그래서 오랜 직장 생활을 정리하고 고향인 부산으로 내려와 모던 마크라메 스튜디오 'Life A.live(라이프 어라이브)'라는 이름으로 작고 소소하게 마크라메 수업을 시작했습니다.

두 손과 실만 있다면 언제 어디서든 아름다운 작품을 만들 수 있고, 때로는 매듭을 잘못 엮거나 모양이 흐트러져도 이 또한 내 감성과 시간을 담은 고유의 작품이 되기도 하지요. 주변의 아름다운 모든 것들이 작품의 영감이 됩니다. 이제는 마크라메 수업을 진행하고 작품 활동하는 것이 삶의 일부가 되어 정말 즐겁게 일하고 있습니다.

평범한 일상을 의미 있고 아름답게 만들어 준 마크라메를 이 책을 통해 더 많은 사람들과 함께 공유했으면 합니다. 그리고 마크라메가 잠시 스쳐 지나가는 유행이 아닌 오래도록 아낌과 사랑받기를 바랍니다.

2018년 여름
이선미 드림

이 책 을 보 는 법

마크라메가 처음인 분들은 시간을 들여 처음부터 순서대로 섹
션에 있는 모든 항목을 읽어 주세요.

❶

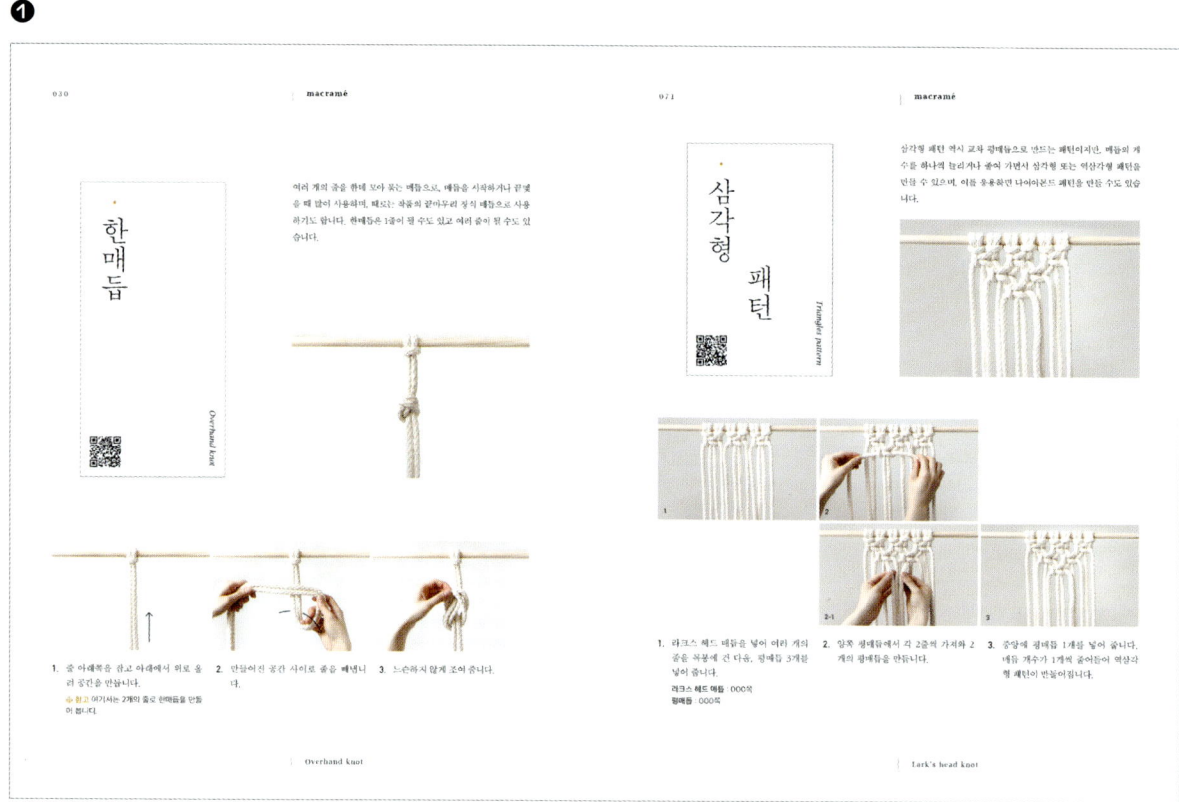

❶ 매듭(Knot)과 기초 패턴(Basic Pattern)

매듭짓는 방법과 간단한 패턴 만들기 과정을 자세히 담았으니
차근차근 따라 해 보세요. 프로젝트 과정에 들어가기 전에 잘
익혀 두는 것이 좋습니다.

큐알코드를 스캔하면 동영상을 직접 매듭을 넣는 모습을 영상
으로 생생하게 담았어요. 보면서 쉽게 따라 할 수 있습니다.

❷ 프로젝트

프로젝트마다 필요한 재료와 쓰이는 매듭 그리고 준비 사항에
대해 먼저 안내하고 이어서 상세 과정을 담았습니다. 본격적인
작업을 시작하기 전에 완성 사진을 통해 전체 과정을 먼저 보
고 실전에 들어가면 이해가 더 잘될 거예요. 프로젝트는 총 5개
의 테마로 구성되어 있으며, 각각 작품의 난이도가 다르니 처
음 마크라메를 시작한 분들은 간단한 작품부터 만들어 보세요.

❷

Contents

•
차 례

basic 1

마 크 라 메 의   시 작
매듭
알아보기

basic 2

매 듭 으 로   만 드 는
패턴
알아보기

project 1

초록의 기운을 가득 담아내는

마크라메
가드닝

플랜트 행거 입체형
Plant hanger basic 1 / 080

플랜트 행거 벽걸이형
Plant hanger basic 2 / 084

플랜트 행거 응용형
Plant hanger advanced / 090

프린지 플라워 행거
Fringe flower hanger / 094

화분 커버
Plant wrap / 098

project 2

밋밋한 공간에 활력을 주는 # 마크라메 인테리어

모던 스타일 벽 장식 기본형
Modern wall hanging basic / 104

보헤미안 스타일 레이어드 벽 장식
Bohemian layered wall hanging / 110

클래식 샹들리에
Classic chandelier / 116

모던 스타일 벽 장식 응용형
Modern wall hanging advanced / 124

부엉이 장식
Owl / 130

자연을 담은 커튼
Curtain / 138

project 3

내추럴함과 따뜻한 감성이 함께   마크라메 키친

내추럴 냄비 반침대
Ring trivet / 148

티코스터
Tea coaster / 152

메시백
Mesh bag / 156

테이블 러너
Table runner / 160

project 4

로맨틱한 순간을 더
특별하게 만들어 주는

마크라메
웨딩

project 5

보헤미안 스타일의 따뜻한 느낌

마크라메
아이 방 소품

마 크 라 메 (Macramé) 란 ?

마크라메는 매듭으로 섬유를 만드는 아라비아 전통 공예입니다. 술 장식(프린지)이라는 뜻의 아랍어 migramah에서 유래되었습니다.

1960~1970년대에 전 세계적으로 직조, 크로켓, 비즈, 염색 등 많은 공예와 함께 부흥했으며 산업의 발전과 함께 점점 인기가 감소해 없어졌다가 최근 몇 년 사이 해외에서부터 Modern Macramé라는 이름으로 다시 유행하기 시작했습니다.

재 료 와 도 구

1. 로프(Cord)

어떤 실이던 매듭을 엮을 수 있다면 마크라메의 재료가 됩니다. 실마다 만들어 내는 분위기가 다르므로 작품에 따라 다양하게 사용해 보세요.

이 책에서는 마크라메에서 일반적으로 가장 많이 쓰이는 목화 실로 만든 면 로프를 주로 사용합니다. 크림 색상으로 100% 면, 또는 합사면이 있으며 염색을 하려면 100% 면 로프로 해야 합니다.

로프는 국내 온라인 쇼핑몰에서 쉽게 구할 수 있으며 각 지역의 큰 섬유 시장에서도 구할 수 있습니다.

실의 꼬인 가닥 수 즉, 합수가 높을수록 굵으며, 책에서는 48합(굵기 3mm), 90합(굵기 4mm), 120합(굵기 4.5mm), 150합(굵기 5mm)을 주로 사용했습니다. 실 굵기는 업체마다 다를 수 있으므로 합수로 알아 두는 것이 좋습니다.

로프의 종류

로프는 꼬임의 방식에 따라 다음과 같이 나뉩니다.

① 일반 면 로프 : 세 가닥의 섬유가 꼬여 있는 형태로 일반적으로 가장 많이 쓰이며 디테일한 패턴을 만들거나 결을 표현하기에 좋습니다.

② 푼사 : 한 가닥의 섬유로 꼬임이 거의 없는 형태로 국내보다는 해외에서 많이 사용되며, 좀 더 부드럽고 따뜻한 느낌을 줍니다.

③ 브레이드 실 : 속에 폴리에스터 섬유의 가는 심이 들어 있는 합사 실로 먼지가 덜하며 모던한 느낌을 줍니다. 다른 실에 비해 탄성이 좋습니다.

④ 그밖에 패브릭 얀, 황마 끈, 가죽 끈 등이 있습니다.

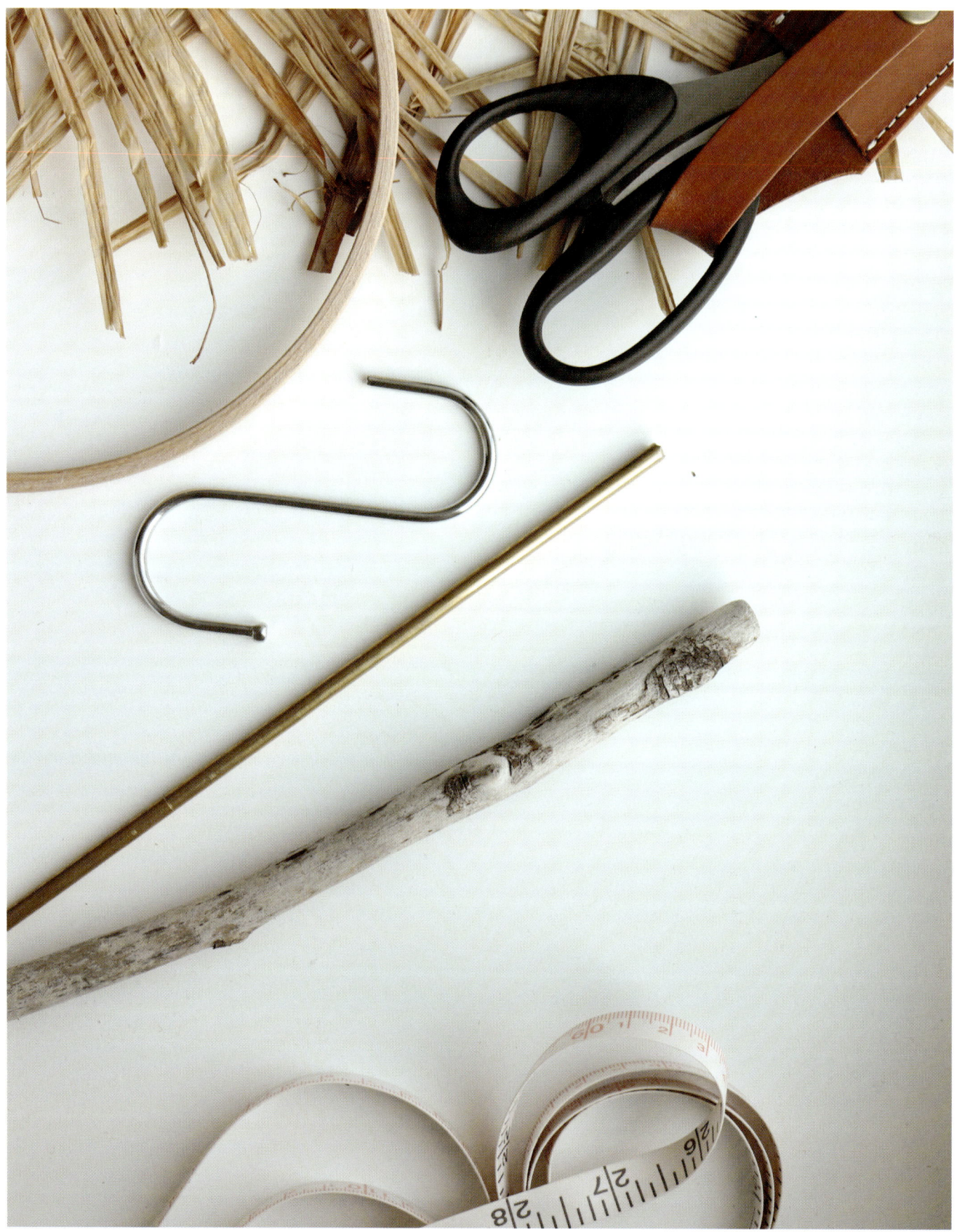

2. 줄자와 가위

줄의 길이를 재고 자를 때 필요합니다. 작은 가위는 줄을 하나씩 자를 때 좋고, 작품을 마무리하기 위해 전체 모양을 다듬을 때는 조금 큰 가위가 좋습니다.

3. S자 고리와 행거

S자 고리는 봉에 줄을 걸 때 사용하는데, 때로는 S자 고리를 걸어 작품을 고정하기 힘든 경우가 있습니다. 그래서 높낮이를 조절할 수 있는 행거가 필요합니다. 하지만 S자 고리는 작품을 보관할 때 꼭 필요하니 여러 개 구비해 두세요.

4. 링과 비즈

링과 비즈는 나무와 금속 또는 플라스틱 등 사이즈와 소재가 다양하며 비즈는 여러 가지 모양이 있습니다.

5. 목봉과 유목(드리프트우드) 또는 금속 바

벽 장식을 만들 때는 작품을 거는 막대기에 따라 분위기가 달라집니다.

목봉은 온라인에서 쉽게 구입할 수 있으며 길이와 굵기가 다양하며 단정하고 곧은 느낌을 줍니다.

유목(드리프트우드)은 바다 또는 강가나 호수에서 찾을 수 있으며, 오랜 시간 동안 파도와 암석 사이에서 깎이고 태양에 표백되어, 껍질이 없고 가볍고 단단해 내추럴하고 멋스러운 느낌을 줍니다.

금속 바는 보통 신주나 구리로 된 소재의 바를 이용하며 고급스럽고 모던한 느낌을 줍니다.

작품 분위기와 무게에 따라 적당한 것을 골라 사용합니다.

6. 빗, 족집게, 종이테이프

작품을 마무리할 때 줄 끝부분을 빗으로 빗어 주면 풍성하고 자연스러운 느낌을 만들 수 있습니다.

족집게는 비즈 또는 매듭의 좁은 공간으로 줄을 넣을 때 유용합니다.

종이테이프는 줄 끝을 단단하고 올이 풀리지 않게 만들 때 이용합니다.

마 크 라 메 를
시 작 하 기 전 에

1. 항상 눈높이 맞추기

매듭 넣는 위치는 항상 내 눈높이에 맞춰 주세요. 눈높이보다 높으면 어깨가 아프고 너무 낮으면 매듭 간의 높이를 맞추기 어렵답니다.

2. 뒤로 나와 먼 거리에서 작품보기

작업 중간에 자주 뒤로 나와 전체적인 작품의 느낌을 확인해 주세요. 가까이에서 보던 것도 멀리 떨어져 바라보면 다른 느낌으로 다가온답니다. 특히 큰 작품을 만들 때는 멀리서 봐야 매듭 간의 간격이나 대칭이 잘 맞는지 확인할 수 있습니다.

3. 중간에 줄이 짧아졌다면

새로운 줄을 잘라 짧은 줄과 함께 한두 번 매듭을 넣고, 짧은 줄 끝을 잘라 매듭 뒤로 숨겨 주세요. 접착제나 바느질을 통해 줄을 이어줄 수도 있지만, 이왕이면 줄이 짧지 않게 사전에 충분히 길게 잘라 두는 것이 가장 좋습니다.

4. 잘못 들어간 매듭을 뒤늦게 발견했다면

열심히 매듭을 만들다가 잘못된 매듭을 뒤늦게 발견한다면, 매듭을 풀고 다시 해야 합니다. 최대한 실수하지 않도록 자주 확인하고, 혹시 잘못 넣은 매듭이 자연스럽다면 작품의 한 부분이라 여기고 의미를 두어도 좋습니다.

5. 작품 관리 및 세탁

마크라메 작품은 섬유이기 때문에 습도가 높은 곳은 피하는 것이 좋으며 먼지나 오염이 묻었을 경우, 잘 두드려 털어 주거나 물수건으로 닦아 주세요. 세탁은 매듭이 흐트러질 수 있어 가급적이면 하지 않는 것이 좋으나, 꼭 해야 한다면 미지근한 물에 울샴푸나 중성세제를 풀어 비비지 않고 조물조물 손세탁한 다음, 그늘진 곳에 눕혀 말립니다. 오염이 심하게 되지 않는다면 반영구적으로 사용할 수 있어요.

줄 길 이 계 산 하 기

처음 만들어 보는 패턴은 작업을 시작하기 전에 반드시 자른 줄의 길이를 메모합니다.

작업을 진행하다가 줄이 짧았다면 +∂, 생각했던 것보다 줄이 과하게 길었다면 -∂로 계산해서 다음 작업을 진행할 때 참고합니다.

반복적인 패턴이 들어가는 대형 작품이라면 간단한 샘플 작업을 해 봅니다.

패턴을 하나 만들어 보고 소요된 줄 길이를 알아낸 후 패턴 개수만큼 계산해서 잘라 줍니다.

또는 이 책의 매듭(Knot) 항목에서 줄 길이 부분을 참고하여 원하는 패턴을 대략적으로 구성한 뒤, 계산해서 넉넉히 잘라 줍니다.

설 레 는 첫 만 남

이 책에서는 마크라메를 좀 더 기술적인 방법으로 익히는 방법을 담았어요. 매듭이 손에 익숙해지면, 정해진 규칙과 방식 없이 자유롭게 만들어 보세요.
매듭을 어떻게 조합하느냐에 따라 또는, 실의 재질과 굵기에 따라 모두 다르게 표현되며 같은 패턴도 만드는 사람에 따라 달라질 수 있습니다.

처음에는 익숙하지 않은 손동작이 어색할 수 있고, 손에 힘을 너무 주거나 반대로 힘이 들어가지 않을 수도 있고, 때로는 내 마음처럼 만들어지지 않는 순간도 많을 거예요.
작업이 생각처럼 풀리지 않을 때는 잠시 줄을 내려놓고 차를 한 잔 마시거나 스트레칭을 하면서 잠시 휴식 시간을 가져 보세요.

어떤 것이든 내 손으로 만든 것이라면 세상에 하나밖에 없는 소중한 작품이 됩니다. 시간이 지나고 작품을 하나둘 완성해 나가다 보면 어느 순간 자연스럽게 편안한 마음으로 매듭을 넣고 있는 나를 발견하게 될 거예요. 설레는 마음으로 시작해 주세요.

마 크 라 메 의   시 작

매듭
알아보기

마크라메에는 헤아릴 수 없이 다양한 매듭이
있고, 그걸 전부 알기는 어렵습니다. 하지만 기
본적인 매듭만으로도 얼마든지 아름다운 마
크라메 작품을 만들 수 있으며, 응용하기에 따
라서 무한한 패턴이 만들어집니다. 이 책에서
는 마크라메에서 가장 많이 쓰이는 기초 매듭
과 조금 난이도가 있는 장식 매듭을 다룹니다.
대부분의 기초 매듭은 크게 기둥줄과(Filler
cord) 엮는줄(Working cord)로 나뉘며, 기둥
줄을 기준 삼아 엮는줄이 매듭을 엮어 나갑니
다. 뒤에서 이어지는 패턴과 프로젝트를 만들
기 위해서는 매듭 이름과 방법을 충분히 익혀
주세요.

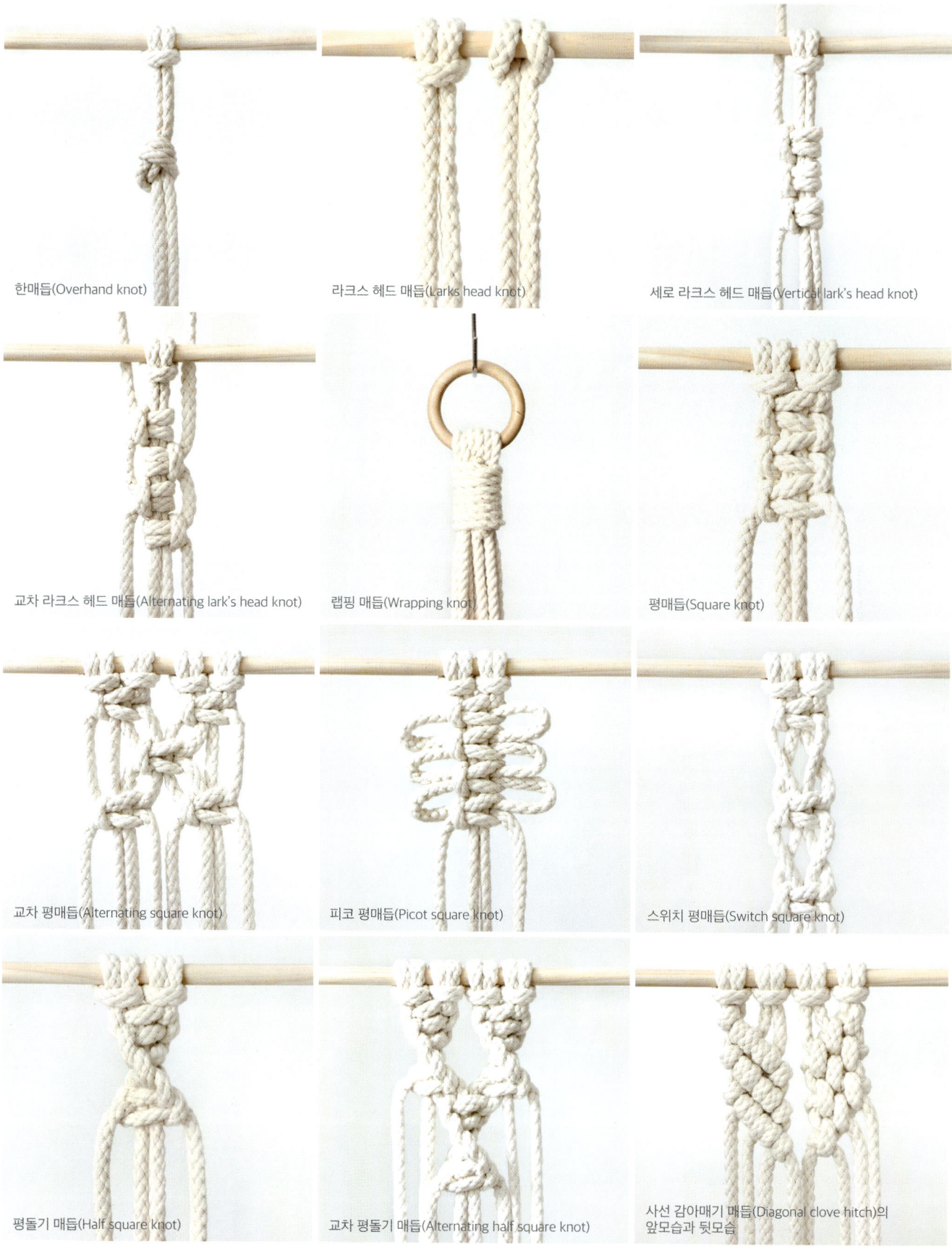

한매듭(Overhand knot)

라크스 헤드 매듭(Larks head knot)

세로 라크스 헤드 매듭(Vertical lark's head knot)

교차 라크스 헤드 매듭(Alternating lark's head knot)

랩핑 매듭(Wrapping knot)

평매듭(Square knot)

교차 평매듭(Alternating square knot)

피코 평매듭(Picot square knot)

스위치 평매듭(Switch square knot)

평돌기 매듭(Half square knot)

교차 평돌기 매듭(Alternating half square knot)

사선 감아매기 매듭(Diagonal clove hitch)의
앞모습과 뒷모습

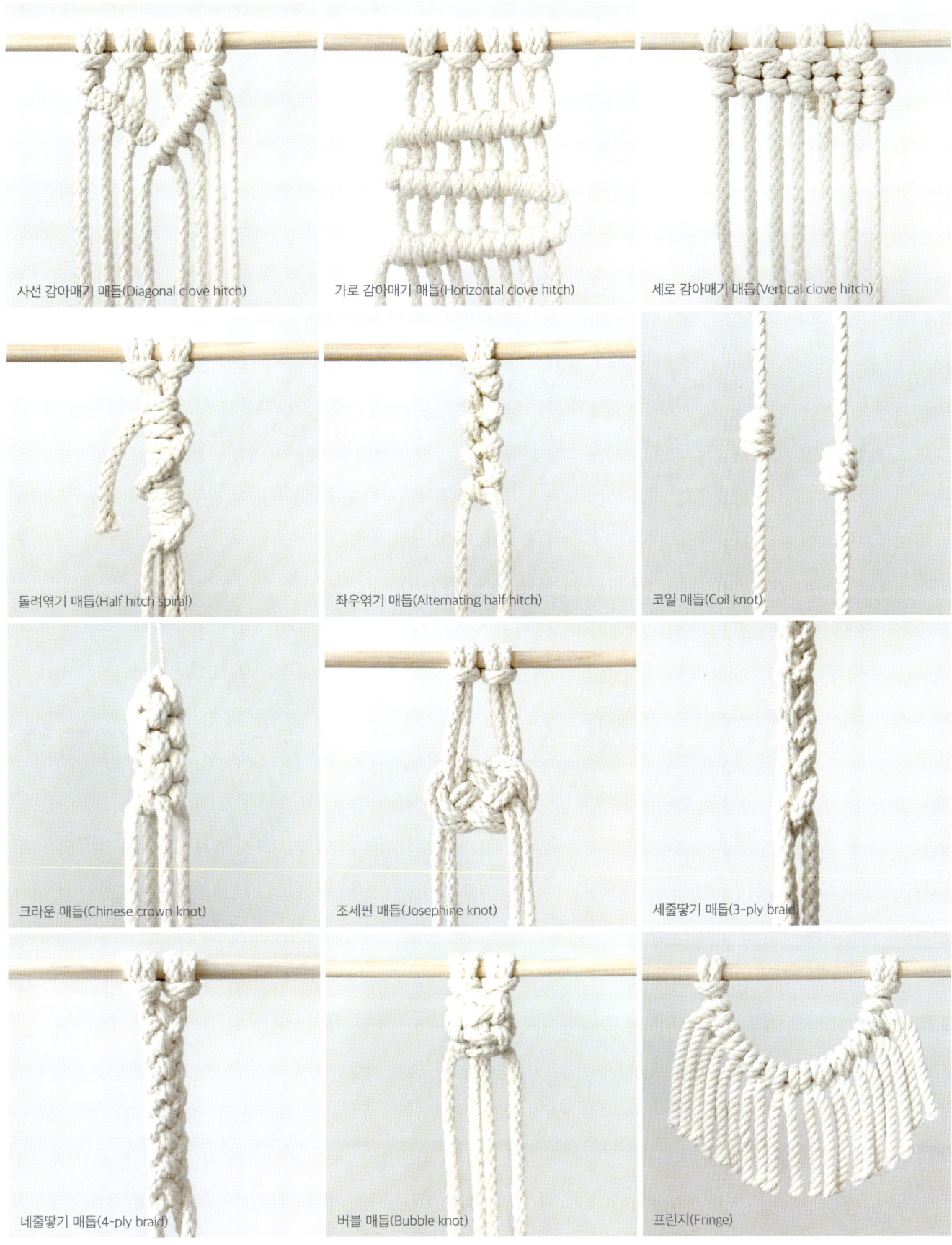

사선 감아매기 매듭(Diagonal clove hitch)

가로 감아매기 매듭(Horizontal clove hitch)

세로 감아매기 매듭(Vertical clove hitch)

돌려엮기 매듭(Half hitch spiral)

좌우엮기 매듭(Alternating half hitch)

코일 매듭(Coil knot)

크라운 매듭(Chinese crown knot)

조세핀 매듭(Josephine knot)

세줄땋기 매듭(3-ply braid)

네줄땋기 매듭(4-ply braid)

버블 매듭(Bubble knot)

프린지(Fringe)

한
매
듭

Overhand knot

여러 개의 줄을 한데 모아 묶는 매듭으로, 매듭을 시작하거나 끝맺을 때 많이 사용하며, 때로는 작품의 끝마무리 장식 매듭으로 사용하기도 합니다. 한매듭은 1줄이 될 수도 있고 여러 줄이 될 수도 있습니다.

1. 줄 아래쪽을 잡고 아래에서 위로 올려 공간을 만듭니다.

   🏵 **참고** 여기서는 2개의 줄로 한매듭을 만들어 봅니다.

2. 만들어진 공간 사이로 줄을 빼냅니다.

3. 느슨하지 않게 조여 줍니다.

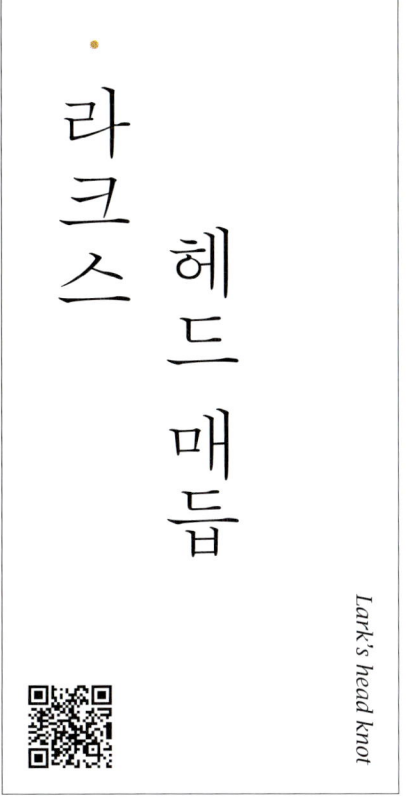

라크스 헤드 매듭

Lark's head knot

레이스 매듭이라고도 하는 이 매듭은 마크라메에서 가장 자주 사용되는 매듭 중 하나입니다. 목봉이나 링에 줄을 걸거나 연결할 때 많이 사용되며 다양하게 응용할 수 있습니다.

줄 길이

넣고 싶은 매듭 길이의 약 6~7배로 잘라 주면 됩니다. 단, 줄 길이는 기둥줄 굵기에 따라 약간씩 차이가 날 수 있습니다. 기둥 굵기가 굵으면 줄을 더 넉넉하게 잘라 주세요.

1. 줄을 반으로 접어 걸려고 하는 목봉 앞에 놓고 고리를 만듭니다.

2. 고리를 뒤로 접어 목봉의 뒤로 넘기고, 고리 안으로 줄을 넣어 줍니다.

3. 한 손으로 줄 아래를 잡고, 다른 한 손으로 고리를 천천히 밀어 올려 느슨하지 않게 조여 줍니다. 라크스 헤드 매듭이 완성됩니다.

5. 고리를 접어 목봉의 앞으로 넘기고 고리 안으로 줄을 넣어 줍니다.

6. 느슨하지 않게 조여 줍니다.

4. 이번에는 뒤에서 앞으로 거는 방법입니다. 줄을 반으로 접어 목봉 뒤에 놓고 고리를 만듭니다.

    ✿ 참고 고리를 앞에서 만들면 앞으로 매듭이 만들어지고 뒤에서 걸면 뒤에서 매듭이 만들어집니다.

세로 라크스 헤드 매듭 *Vertical lark's head knot*

1줄로 기둥줄의 위아래를 감싸면서 만들어 가는 매듭으로, 같은 방법으로 가로 방향으로도 만들 수 있습니다.

1. 엮는줄로 기둥줄을 뒤로 감아 앞으로 가져옵니다.

   ❀ **참고** 매듭을 시작할 때 방향은 좌우 어느 쪽이든 상관없습니다.

2. 엮는줄을 기둥줄 뒤로 가져갑니다.

3. 엮는줄을 기둥줄 앞으로 가져와 만들어진 공간 사이로 넣어 줍니다.

엮는줄
기둥줄

4. 느슨하지 않게 조입니다.

5. 다시 엮는줄을 기둥줄 앞으로 가져옵니다.

6. 엮는줄을 기둥줄 뒤로 감아 만들어진 공간 사이로 넣어 줍니다.

7. 느슨하지 않게 조입니다.

8. 다시 엮는줄을 기둥줄 뒤로 가져갑니다.

9. 엮는줄을 기둥줄 앞으로 가져와 만들어진 공간 사이로 빼 줍니다.

10. 같은 방법으로 계속 만들어 줍니다.

교차 라크스 헤드 매듭 *Alternating lark's head knot*

세로 라크스 헤드 매듭을 응용한 것으로 두 개의 엮는줄을 교차하며 매듭을 만듭니다. 색상이 다른 엮는줄을 이용해도 좋습니다.

1. 세로 라크스 헤드 매듭을 만들고, 새 엮는줄을 기둥줄 오른쪽으로 감아 앞으로 가져옵니다.

   세로 라크스 헤드 매듭 : 033쪽

2. 1에서 감은 엮는줄을 기둥줄 뒤로 가져갑니다.

3. 2의 엮는줄을 기둥줄 앞으로 가져와 2에서 만들어진 공간으로 넣어 조여줍니다.

4. 왼쪽, 오른쪽으로 라크스 헤드 매듭이 하나씩 만들어졌습니다.

5. 1~4 과정을 반복해 라크스 헤드 매듭을 하나씩 교차되게 만들어 줍니다.

랩핑 매듭

Wrapping knot

랩핑 매듭은 플랜트 행거를 만들 때 자주 사용하는 매듭입니다. 한매듭과 마찬가지로 여러 개의 줄을 한 번에 모아 묶을 때 사용합니다.

줄 길이

묶을줄의 굵기에 따라 엮는줄 길이가 많이 달라지는데, 플랜트 행거를 만들 때 평균적으로 사용되는 길이는 90~100cm가 적당합니다.

1. 줄을 가지런히 정렬합니다.

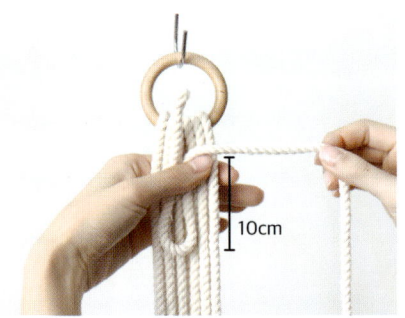

10cm

2. 엮는줄을 따로 잘라 아래로 고리 모양을 만들어 1의 앞에 둡니다. 한쪽은 짧고 한쪽은 깁니다.

🏵 **참고** 고리를 크게 만들면 줄이 낭비되기 때문에 감을 영역을 기준으로 위아래보다 조금만 길게 만듭니다. 여기서는 약10cm로 했습니다.

3. 정리한 줄과 짧은 엮는줄을 한 손으로 잡고, 다른 손으로 긴 줄을 잡고 뒤로 감아 앞으로 가져옵니다.

🏵 **참고** 매듭을 감는 방향은 좌우 어느 방향이든 상관없습니다.

5. 이제 엮는줄을 고리 안으로 넣어 줍 니다.

7. 만들어진 매듭을 감은 영역의 중간 지점까지 올려 숨깁니다.

4. 계속해서 줄이 겹치지 않게 아래로 감아 내립니다.

🏵 **참고** 되도록 처음에 만든 고리 모양을 정 면으로 유지시킵니다.

6. 아래의 긴 줄이 풀리지 않도록 잘 잡 은 상태에서, 위의 짧은 줄을 잡고 쭉 올려 줍니다.

8. 위아래의 남은 엮는줄을 가위로 자르 고 모양을 잘 다듬어 줍니다.

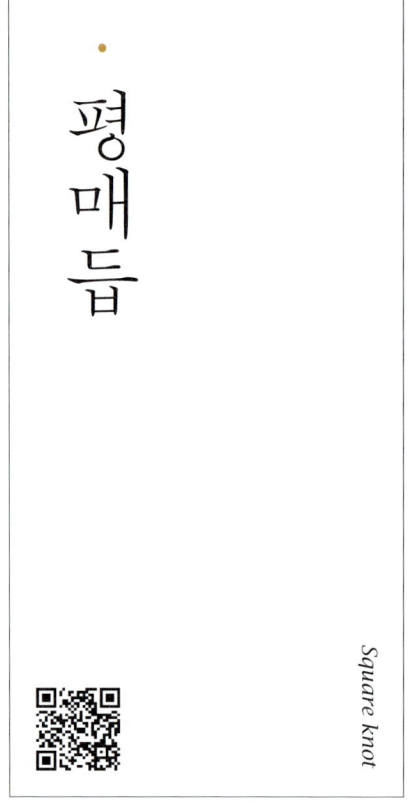

평매듭

Square knot

평매듭은 마크라메에서 가장 기본적이며 가장 많이 사용하는 매듭입니다. 네모 매듭이라고도 불리는 평매듭은 다양한 방법으로 응용할 수 있으며 여러 가지 패턴을 만들 수 있습니다.

줄 길이
넣고 싶은 매듭 길이의 약 4~6배로 잘라 주세요. 단, 줄 길이는 줄 굵기에 따라 달라질 수 있으며 줄은 항상 넉넉하게 잘라 주는 것이 좋습니다.

1. 평매듭은 대체로 4줄을 이용해 만듭니다. 가운데 2줄을 기둥줄, 양쪽 2줄을 엮는줄로 합니다.

2. 양쪽 엮는줄을 기둥줄 앞에 숫자 '4' 모양으로 만들어 줍니다. 이때 4번째 줄은 1번째 줄 위에 둡니다.

3. 4번째 엮는줄을 기둥줄 뒤로 통과하여 2에서 만든 공간으로 빼 줍니다.

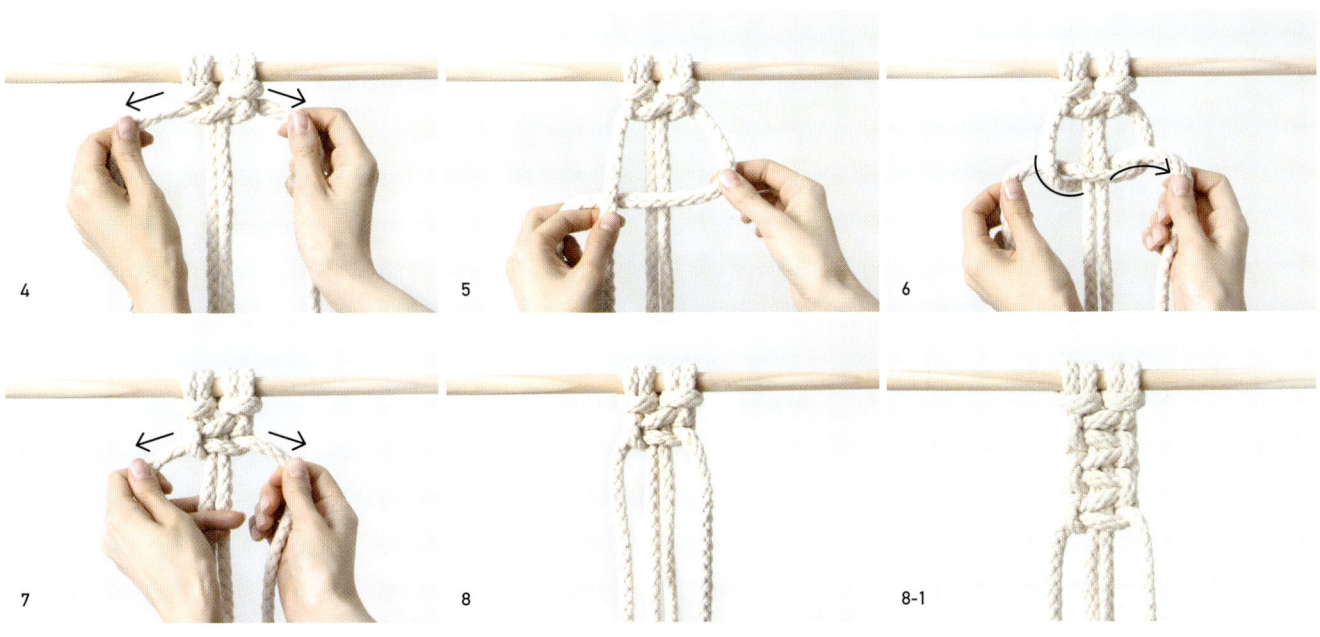

4. 엮는줄을 위로 올려 느슨하지 않게 조여 줍니다. 이제 반 매듭이 만들어 졌습니다.

5. 이번에는 숫자 '4'를 좌우로 뒤집은 모양으로 만들어 줍니다. 이때 1번째 줄은 4번째 줄 위에 둡니다.

6. 1번째 엮는줄을 기둥줄 뒤로 통과하 여 5에서 만든 공간으로 빼 줍니다.

7. 엮는줄을 위로 올려 느슨하지 않게 조여 줍니다. 이때 기둥줄이 딸려 올 라가거나 회전하지 않고 정면을 바라 보게 유의합니다.

8. 비로소 하나의 평매듭이 만들어졌습 니다. 같은 방법으로 계속 매듭을 만 들어 줍니다.

   🪢 **참고** 매듭 순서는 숫자 '4'의 반대 방향부 터 시작해도 상관없습니다.

교차 평매듭 *Alternating square knot*

두 개의 서로 다른 평매듭에서 각각 두 개의 줄을 가져와서 이어 만드는 평매듭입니다.

1. 평매듭 2개를 만듭니다.

   평매듭 : 038쪽

2. 양쪽 평매듭에서 안쪽에 있는 줄을 2줄씩 가져옵니다.

4. 두 개의 다른 매듭에서 2줄씩 가져와 계속해서 평매듭을 넣어 줍니다.

3. 아래로 조금 내려와 평매듭을 만들어 줍니다.

   ❀ 참고 이때 4개의 줄 중 안쪽에 있는 2줄은 기둥줄이, 바깥쪽의 2줄은 엮는줄이 됩니다.

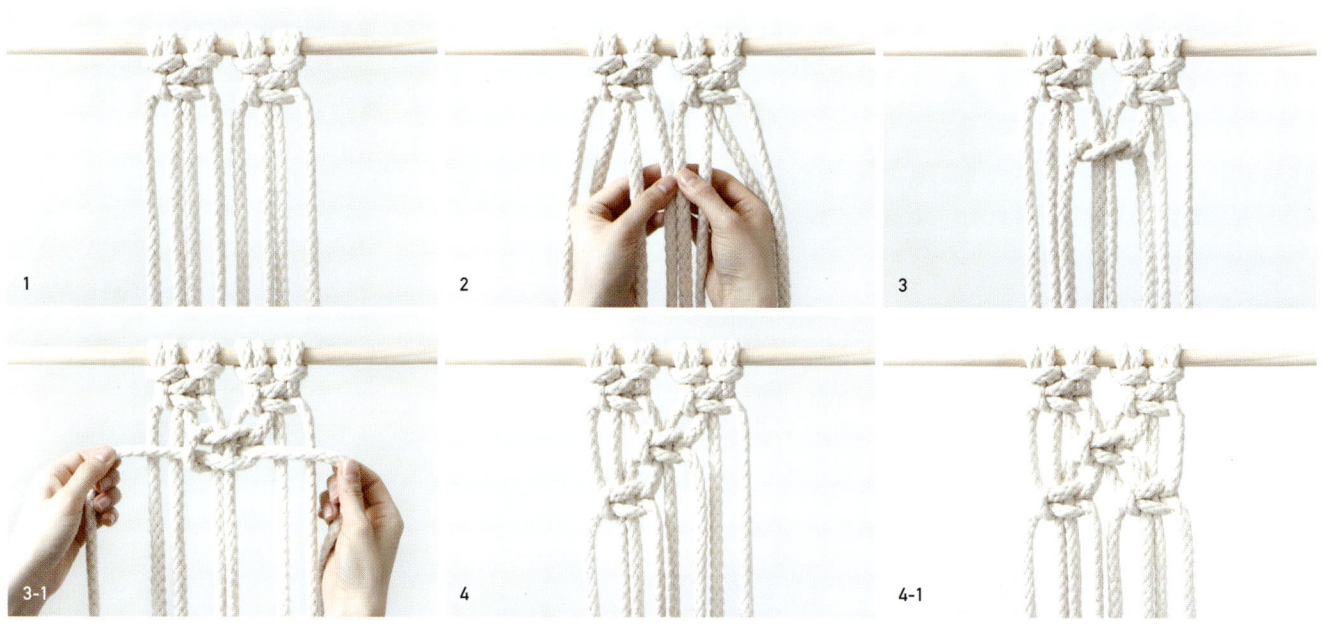

피코
평매듭 *Picot square knot*

평매듭을 응용해서 만드는 매듭으로, 리본 모양의 여성스러운
장식 매듭입니다.

1. 평매듭을 만듭니다.

   평매듭 : 038쪽

2. 아래로 조금 내려와 평매듭을 하나
   더 만들어 줍니다.

3. 기둥줄을 잡고 아래 매듭을 위로 올
   립니다.

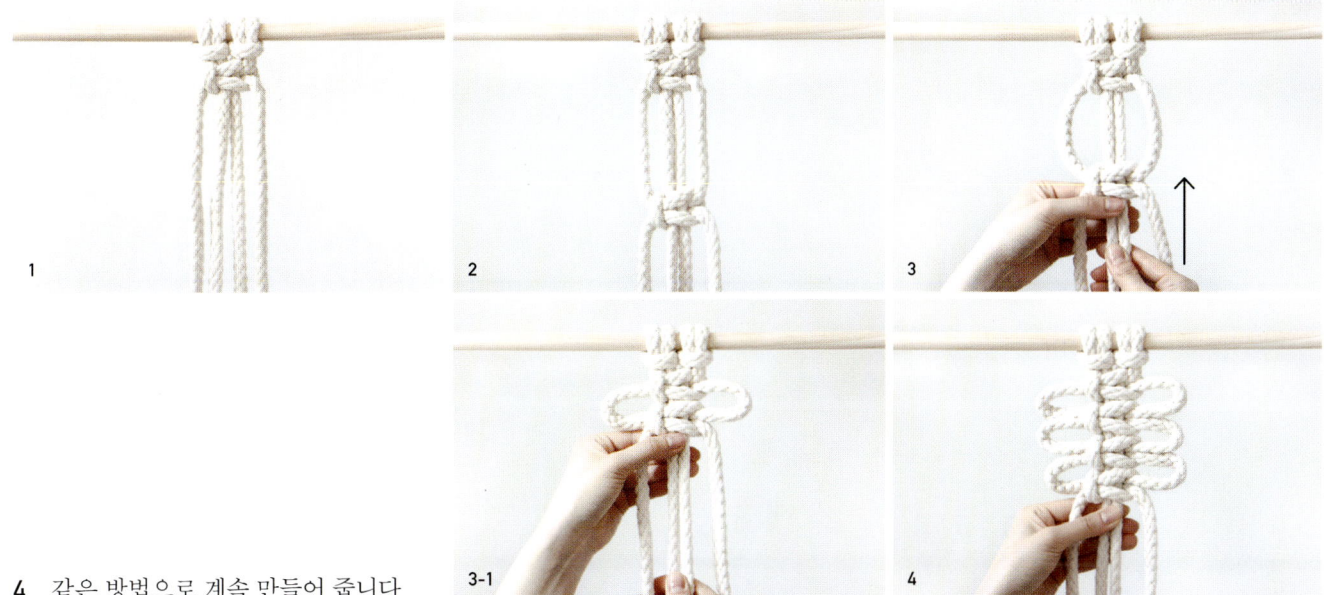

4. 같은 방법으로 계속 만들어 줍니다.

스위치 평매듭 *Switch square knot*

엮는줄과 기둥줄을 새 매듭마다 전환하며 넣는 방법으로 매듭 사이 공간을 충분히 주는 것이 좋습니다.

1. 평매듭 1개를 만듭니다.

　　평매듭 : 038쪽

2. 양쪽 엮는줄을 기둥줄 위치로 가져오고, 기존 기둥줄을 엮는줄 위치로 보내어 위치를 서로 바꿔 줍니다.

3. 바뀐 상태로 평매듭을 넣어 줍니다.

4. 2~3 과정을 반복하여 만들어 줍니다.

　　🌸 **참고** 스위치 평매듭은 엮는줄이 짧아졌을 때, 긴 기둥줄을 엮는줄로 사용하기 좋습니다.

평돌기 매듭

Half square knot

나선형 매듭이라고도 하며, 평매듭과 함께 마크라메에서 가장 기본적인 매듭 중 하나입니다. 평매듭의 반 매듭만 동일한 방향으로 계속 넣어 주기 때문에 Half Square 매듭이라고도 합니다.

줄길이

넣고 싶은 매듭 길이의 약 5~6배로 잘라 주세요. 단, 줄 길이는 줄 굵기에 따라 달라질 수 있으며 줄은 항상 넉넉하게 잘라 주는 것이 좋습니다.

1. 평매듭의 반 매듭만 넣어 줍니다. 이 때 숫자 '4'의 정방향이든 반대 방향이든 상관없습니다.

   평매듭 : 038쪽

2. 처음 시작한 방향과 같은 방향으로 또 반 매듭을 넣습니다.

3. 자연스럽게 매듭이 조금씩 회전합니다.

4. 약 6개의 매듭을 넣으면 한 바퀴 돌아옵니다.

   🌼 **참고** 양쪽 엮는줄 위치가 바뀌어도 매듭 넣는 방향은 일정해야 합니다.

교차 평돌기 매듭
Alternating half square knot

교차 평매듭과 마찬가지로 두 개의 서로 다른 평돌기 매듭에서
각각 두 개의 줄을 가져와 매듭을 이어 만드는 방법입니다.

1. 줄을 두 그룹으로 나누어 평돌기 매듭을 각 6개씩 넣어 줍니다.

   평돌기 매듭 : 043쪽

2. 양쪽 평돌기 매듭에서 안쪽에 있는 줄을 각각 2줄씩 가져옵니다.

3. 가운데 2줄을 기둥줄로, 각 매듭의 2개의 기둥줄은 엮는줄로 삼아 평돌기 매듭을 만들어 줍니다.

4. 2~3 과정을 반복해서 교차 평돌기 매듭을 6개 더 넣어 줍니다.

감아매기 매듭도 앞에서 다룬 평매듭, 평돌기 매듭과 함께 가장 기본적인 매듭입니다. 엮는줄이 기둥줄을 2번 감아 만드는 매듭으로 라인을 만들거나 입체감 있는 형태를 연출할 때 자주 사용되며 사선, 가로, 세로 모양으로 매듭을 만들 수 있습니다.

감
아
매
기

매
듭

Clove hitch knot

사선 감아매기 매듭

가로 감아매기 매듭

세로 감아매기 매듭

줄길이
넣고 싶은 매듭 길이의 약 6~7배로 잘라 주세요. 단, 줄 길이는 줄 굵기에 따라 달라질 수 있습니다.

사선 감아매기 매듭 *Diagonal clove hitch*

대각선으로 매듭을 만들어 가며 다이아몬드, 'V'자, 잎사귀 등 다양한 패턴을 만드는 데 자주 사용합니다. 양쪽 기둥줄 방향이 달라지기 때문에 조금 어렵게 생각할 수 있지만, 충분히 연습하면 유용하게 많이 사용할 거예요.

1. 줄을 가지런히 합니다.

2. 1번째 기둥줄을 오른손으로 잡고 오른쪽 아래로 향하게 합니다. 이때 엮는줄은 항상 기둥줄 뒤에 위치합니다.

4. 위로 올려 느슨하지 않게 조여 줍니다.

3. 2번째 엮는줄을 뒤에서 앞으로 가져와 만들어진 공간으로 다시 빼 줍니다.

5. 같은 엮는줄로 한 번 더 반복해서 감아 줍니다.

　🏵 **참고** 엮는줄을 2번씩 감아 주세요.

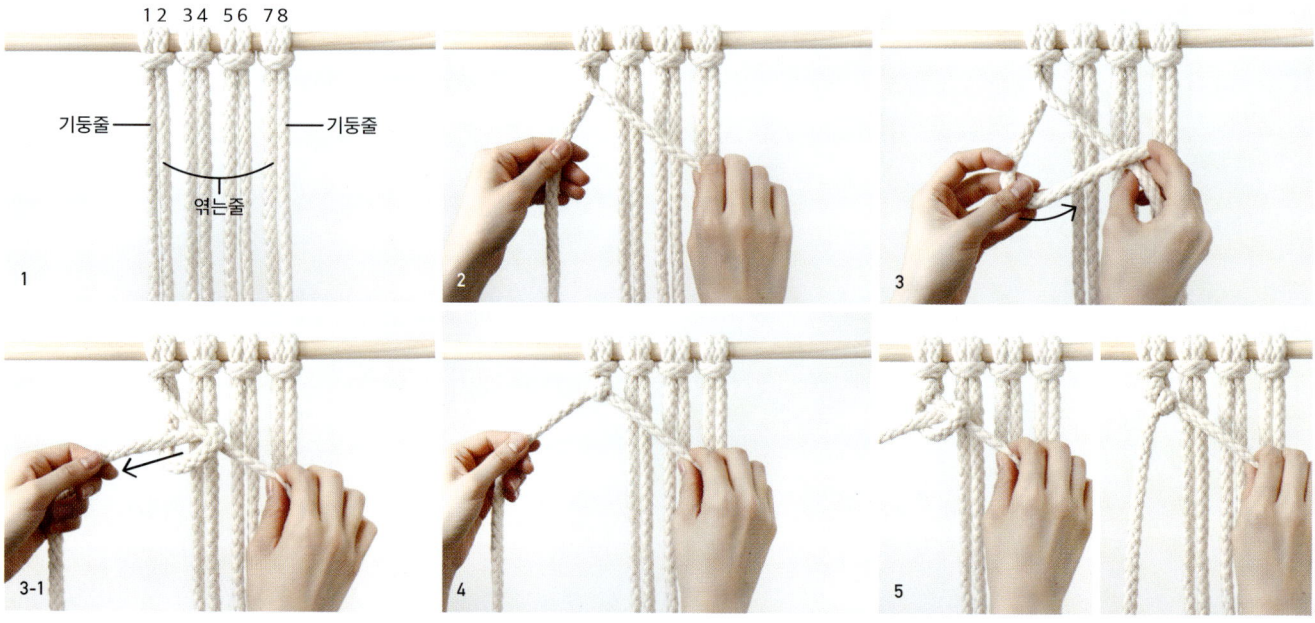

6. 3번째, 4번째 엮는줄도 같은 방법으로 감아 사선으로 내려옵니다.

7. 8번째 기둥줄을 왼손으로 잡고 왼쪽 아래로 향하게 합니다. 엮는줄은 항상 기둥줄 뒤에 위치합니다.

8. 7번째 줄의 엮는줄을 뒤에서 앞으로 가져와 만들어 놓은 공간으로 빼 줍니다.

9. 위로 올려 느슨하지 않게 조여 줍니다.

10. 같은 엮는줄로 한 번 더 반복해서 감아 줍니다.

11. 6번째, 5번째 순으로 같은 방법으로 감아 사선으로 내려옵니다.

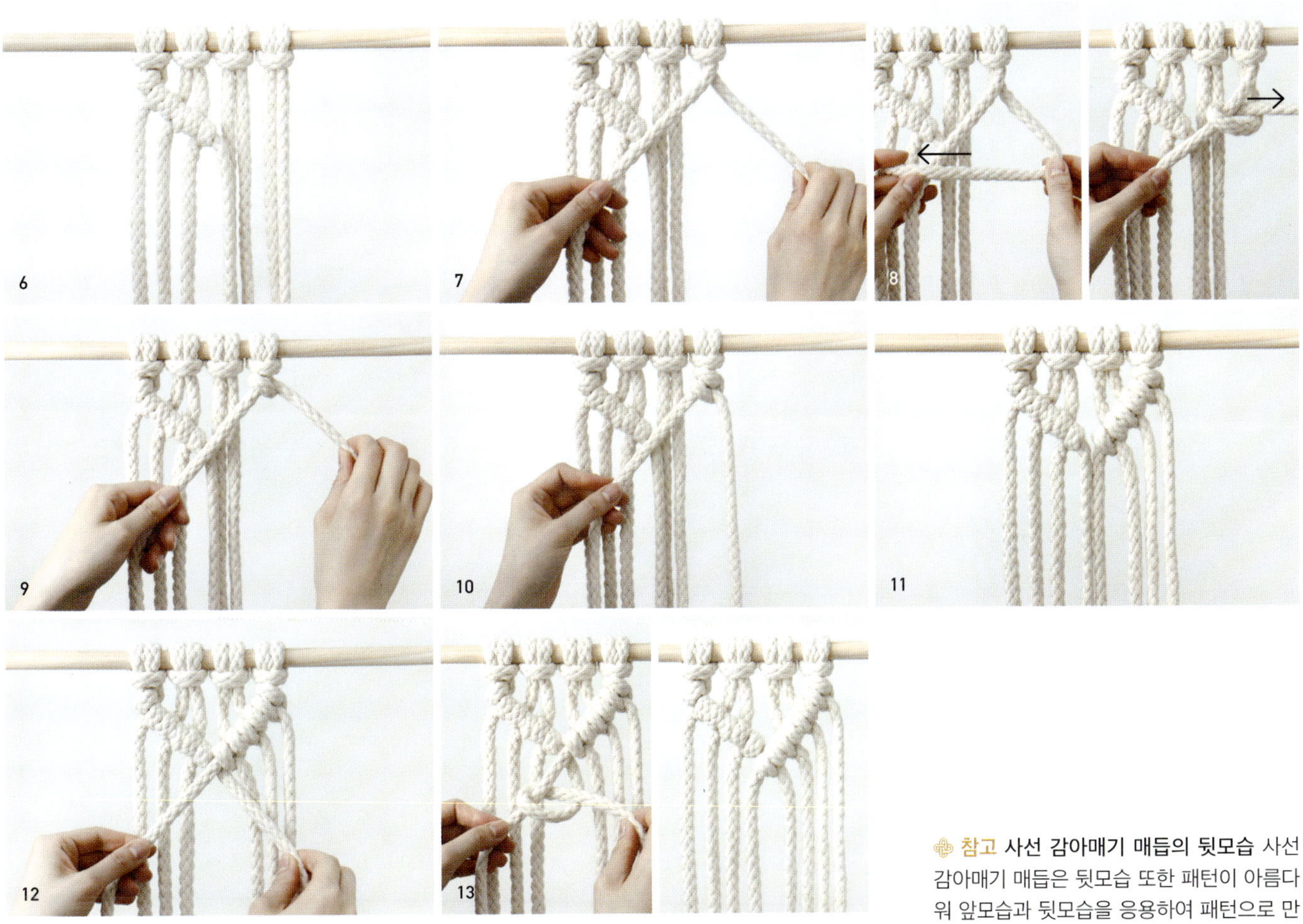

12. 11에서처럼 끝부분을 열어 놓고 마무리하는 경우도 있지만 매듭으로 단아 주는 방법도 있습니다. 여기서는 매듭을 지어 마무리하겠습니다.

13. 중앙의 두 기둥줄 중 하나를 엮는줄, 기둥줄로 하여 두 번 감아 줍니다. 방향은 상관없습니다.

🕸 참고 사선 감아매기 매듭의 뒷모습 사선 감아매기 매듭은 뒷모습 또한 패턴이 아름다워 앞모습과 뒷모습을 응용하여 패턴으로 만들 수 있습니다.

앞모습 ←   → 뒷모습

가로 감아매기 매듭
Horizontal clove hitch

가로 감아매기 매듭은 평행으로 매듭을 넣는 방법으로 사선 감아매기와는 다르게 기둥줄 하나로 매듭을 쭉 이어 갑니다.

1. 줄을 가지런히 합니다. 마지막 줄을 기둥줄로 활용해 왼쪽 방향으로 매듭을 넣습니다.

   🔹**참고** 반대 방향으로 매듭을 넣어도 됩니다.

4. 엮는줄을 느슨하지 않게 조여 줍니다.

2. 기둥줄을 왼손으로 잡아 줍니다. 이때 엮는줄은 항상 기둥줄 뒤에 위치합니다.

5. 같은 엮는줄로 한 번 더 반복해서 감아 줍니다.

   🔹**참고** 엮는줄을 2번씩 감는다고 생각하면 쉬워요.

3. 기둥줄 바로 옆의 엮는줄을 뒤에서 앞으로 가져와 2~3에서 만든 공간으로 빼 줍니다.

6. 엮는줄을 순서대로 같은 방법으로 감아 수평으로 매듭을 만들어 줍니다.

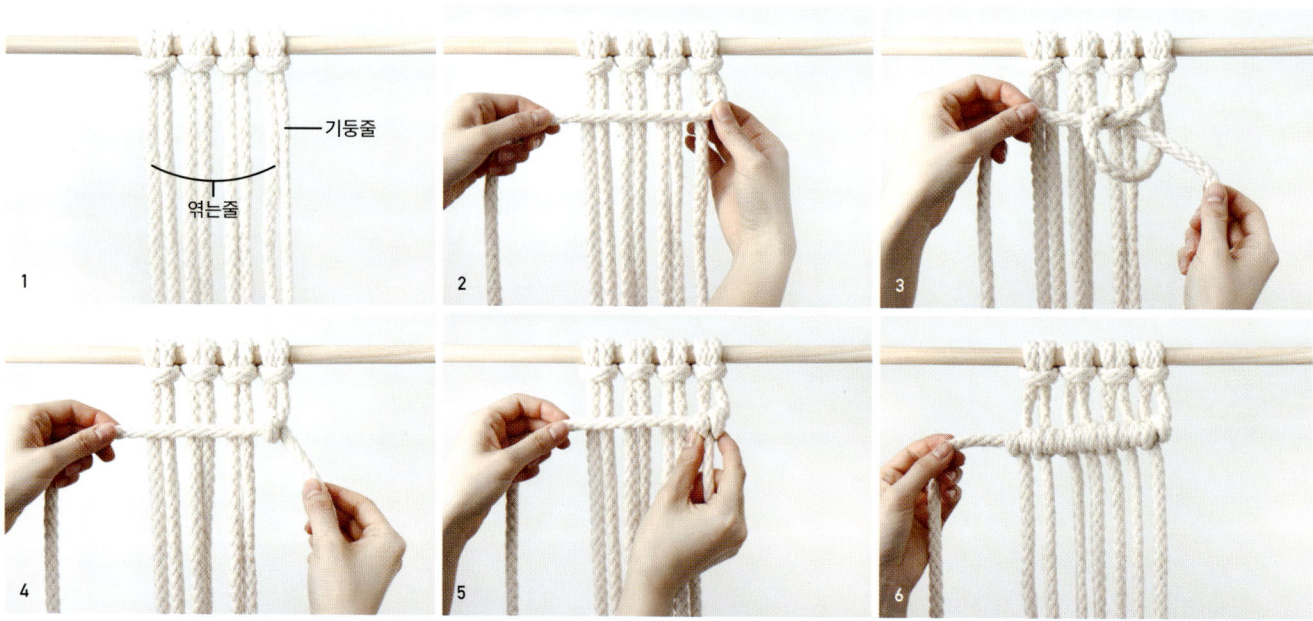

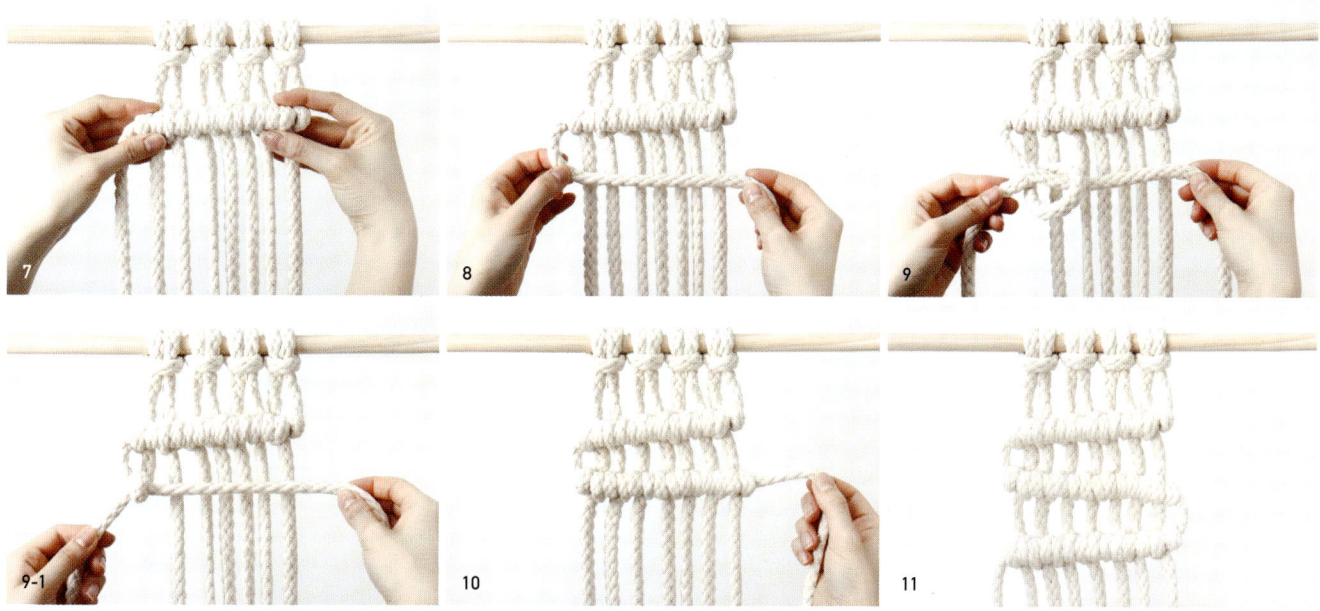

7. 손으로 매듭을 일자로 잘 정렬해 줍니다.

8. 이번에는 동일한 기둥줄을 이용해 오른쪽으로 매듭을 넣겠습니다.

9. 오른손으로 기둥줄을 잡고 뒤에 있는 엮는줄을 앞으로 가져와 감아 줍니다.

감아매기 매듭 : 045쪽

10. 같은 방법으로 한 번 더 감아 줍니다. 나머지 엮는줄을 이용해 차례대로 감아매기 매듭을 넣어 줍니다.

11. 2~7과 같은 방법을 활용해 동일한 기둥줄로 매듭을 넣어 가로 감아매기 매듭을 완성합니다.

세로 감아매기 매듭 *Vertical clove hitch*

세로 감아매기 매듭은 가로 감아매기와는 반대로 1개의 엮는줄로 여러 개의 기둥줄을 감는 매듭입니다. 매듭을 오른쪽 방향으로 넣으려면 오른손으로 엮는줄을 잡고, 왼쪽 방향으로 넣으려면 왼손으로 잡고 시작해 주세요.

1. 줄을 가지런히 합니다. 첫 번째 줄을 엮는줄로 활용해 오른쪽 방향으로 매듭을 넣습니다.

   ✤ 참고 반대 방향으로 매듭을 넣어도 괜찮습니다.

2. 첫 번째 엮는줄을 두 번째 기둥줄 뒤로 가져갑니다. 이때 엮는줄은 항상 기둥줄 뒤에 위치합니다.

3. 엮는줄을 뒤에서 앞으로 가져와 오른쪽에 생긴 공간으로 빼냅니다.

4. 위로 올려 느슨하지 않게 조여 줍니다.

5. 같은 엮는줄로 한 번 더 반복해서 기둥줄을 세로로 감아 줍니다.

   ✤ 참고 엮는줄을 2번씩 감는다고 생각하면 쉬워요.

6. 계속해서 같은 엮는줄을 그 다음 기둥줄 뒤로 가져갑니다.

7. 엮는줄을 뒤에서 앞으로 가져와 기둥줄을 감습니다. 세로로 2번씩 감아 줍니다. 2~5의 과정을 반복해 세로 감아매기 매듭을 넣어 줍니다.

8. 이번에는 방향을 바꿔서 매듭을 넣어 줍니다. 엮는줄을 왼손으로 잡습니다.

9. 엮는줄을 뒤에서 앞으로 가져와 오른쪽 공간으로 넣고 당깁니다.

10. 한 번 더 감아 느슨하지 않게 조입니다.

11. 같은 방법으로 계속해서 세로 감아매기 매듭을 만듭니다.

돌려엮기 매듭

Half hitch spiral

돌려엮기 매듭은 감아매기 반 매듭을 연속적으로 넣어 나선형 모양을 만드는 매듭입니다. 여러 개의 줄을 모아 길게 모양을 넣고 싶을 때 이용하면 좋습니다.

줄길이

넣고 싶은 매듭 길이의 약 6~7배로 잘라 주세요. 단, 줄 길이는 기둥줄 굵기에 따라 달라질 수 있습니다.

1. 엮는줄을 기둥줄 뒤로 가져갑니다. 감을 방향을 정하고 그 방향 쪽으로 줄을 길게 합니다. 여기서는 오른쪽으로 감습니다.

2. 오른쪽 긴 엮는줄을 4개의 기둥줄 앞으로 가져옵니다.

3. 앞으로 가져온 엮는줄을 뒤로 감아 오른쪽 공간으로 빼낸 다음, 느슨하지 않게 조여 줍니다.

4. 다시 뒤에 있는 엮는줄을 기둥줄 앞으로 가져옵니다.

5. 3의 방법으로 오른쪽 공간으로 빼냅니다.

6. 계속 같은 방향으로 감아 주면 회전하는 매듭이 만들어집니다.

7. 만든 매듭을 위로 올리거나 손으로 돌려 원하는 모양으로 다듬어 줍니다.

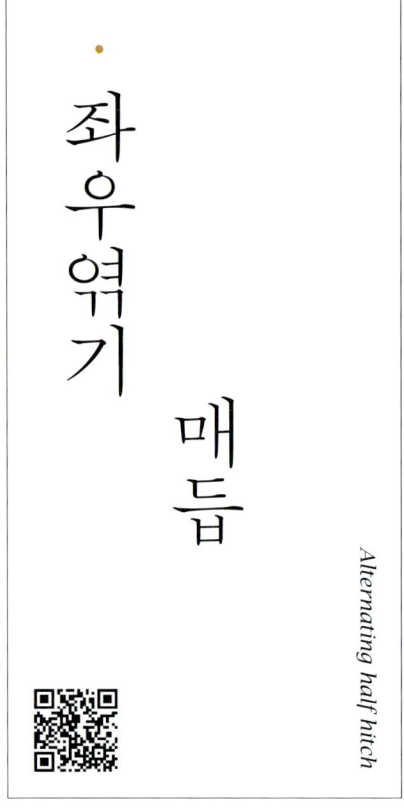

좌우엮기 매듭

Alternating half hitch

좌우엮기 매듭은 감아매기 반 매듭을 좌우로 한 번씩 번갈아 가며 넣는 매듭입니다. '체인 스티치' 또는 '지그재그 땋기'라고도 부릅니다.

줄길이
넣고 싶은 매듭 길이의 약 4~5배로 잘라 주세요. 단, 줄 길이는 줄 굵기에 따라 달라질 수 있습니다.

1. 왼쪽 엮는줄을 오른쪽 기둥줄 앞으로 가져옵니다.

   ✤ **참고** 여기서는 왼쪽부터 시작하지만 오른쪽에서 시작해도 좋아요.

2. 앞으로 가져온 엮는줄로 기둥줄을 감아 왼쪽 사이 공간으로 빼 준 다음, 느슨하지 않게 조여 줍니다.

3. 이번에는 반대로 오른쪽이 엮는줄, 왼쪽이 기둥줄이 됩니다. 엮는줄로 왼쪽 기둥줄을 한 번 감은 후 오른쪽 사이 공간으로 빼 줍니다.

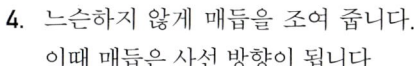

4. 느슨하지 않게 매듭을 조여 줍니다. 이때 매듭은 사선 방향이 됩니다.

5. 다시 반대로 왼쪽을 엮는줄로 가져와 매듭을 만들어 줍니다.

6. 1~5 과정을 반복해서 매듭을 만들어 줍니다.

🌼 **참고** 이 매듭은 아래로 당기면 늘어나기 때문에 매듭을 조금 타이트하게 조여 주는 것이 좋습니다.

코일 매듭

Coil knot

코일 매듭은 주로 줄 끝부분을 풀리지 않게 마무리 매듭으로 쓰거나, 1줄을 이용한 장식용 매듭으로 많이 사용됩니다.

줄길이
넣고 싶은 매듭 길이의 약 7~8배로 잘라 주세요. 단, 줄 길이는 줄 굵기에 따라 달라질 수 있습니다.

1. 아래 줄을 위로 올려 공간을 만듭니다. 여기서는 오른쪽으로 공간을 만들었지만 방향은 어느 쪽이든 상관없습니다.

2. 위로 올린 줄을 만들어진 공간 사이로 넣어 3~4번 감아 줍니다.

3. 감은줄을 아래로 당겨 매듭을 만들어 줍니다. 감겨 있는 부분을 손으로 올리거나 내리면 매듭이 엉킬 수 있으므로 매듭이 조여질 때까지 감은줄을 아래로 당겨 줍니다.

🔸 **참고** 코일 매듭은 매듭의 특성상 아래 방향으로 만들어지기 때문에 매듭을 시작할 때 약간 위에서 시작하면 좋습니다.

4. 매듭을 비슷한 위치에 넣고 싶을 경우 매듭 시작점과 감는 공간을 최대한 일정하게 만들어 주세요.

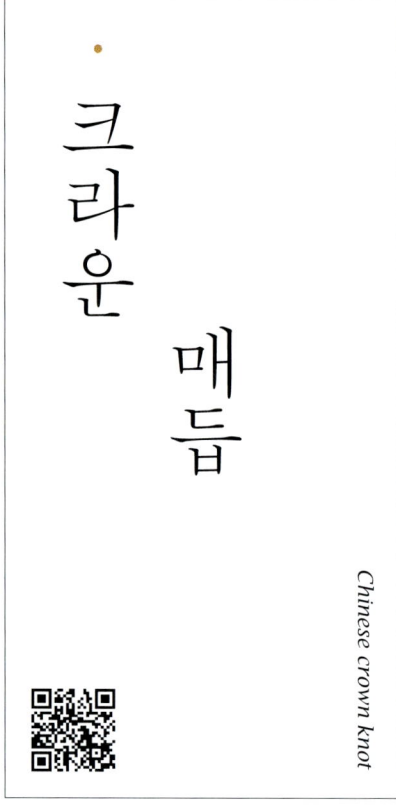

크라운 매듭

Chinese crown knot

크라운 매듭은 기본적으로 4줄을 이용해 만들지만 3줄로도 만들 수 있습니다. 플랜트 행거를 시작하는 매듭으로 자주 사용되며 마크라메 태슬 만들기에서 장식 매듭으로도 사용됩니다.

줄길이
넣고 싶은 매듭 길이의 약 4~5배로 잘라 주세요. 단, 줄 길이는 줄 굵기에 따라 달라질 수 있습니다.

1. 2개의 줄을 고정해 사방향으로 놓습니다.

2. 위쪽을 향하던 줄을 아래로 접어 내립니다.

3. 시계 방향으로 차례대로 줄을 접어 줍니다. 오른쪽을 향하던 줄을 왼쪽으로 접어 줍니다.

4. 마지막 줄은 처음 줄을 접을 때 만들어진 공간으로 빼 줍니다.

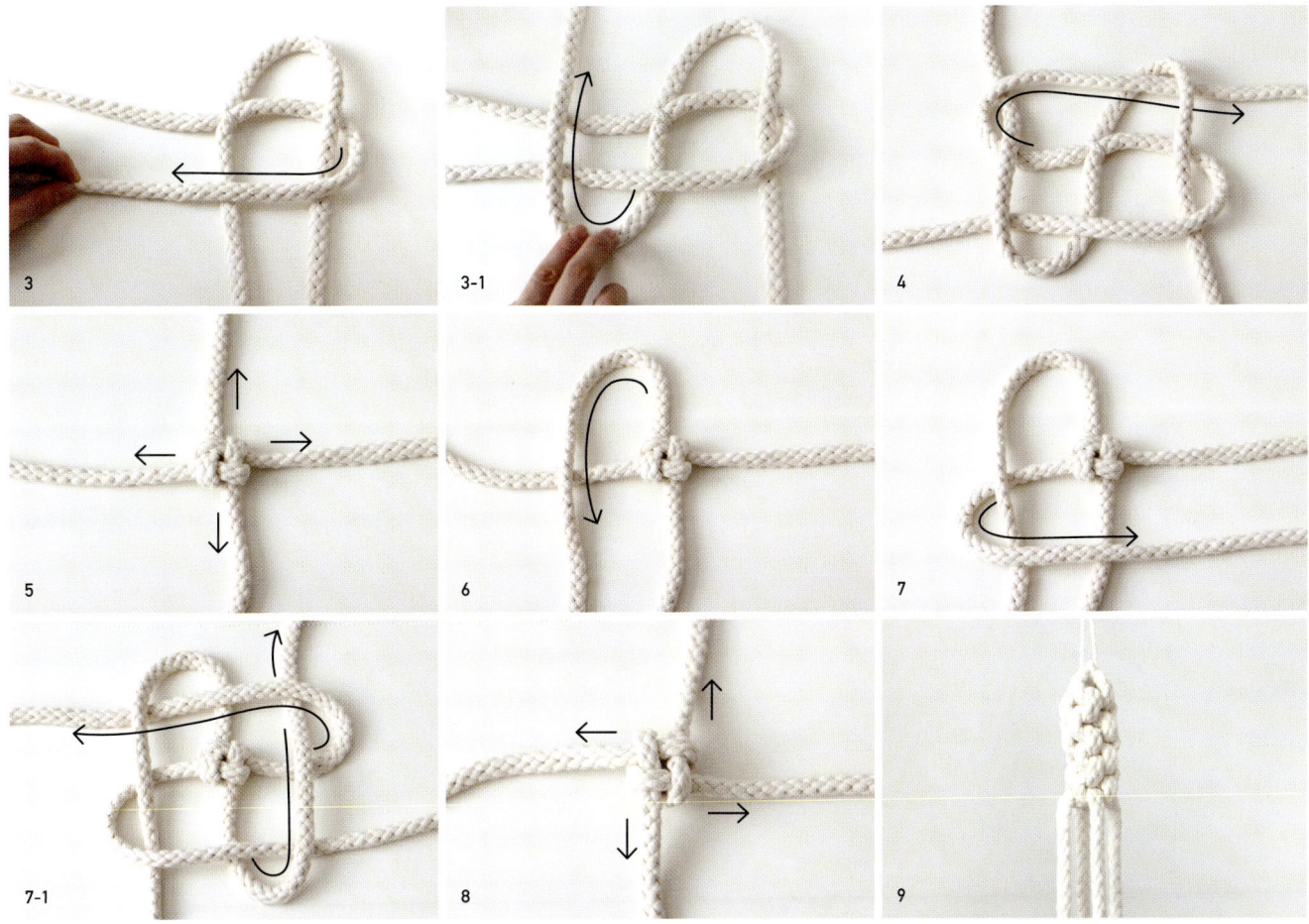

5. 시계 방향으로 줄을 하나씩 당겨 느슨하지 않게 조여 줍니다.

6. 이번에는 시계 반대 방향으로 줄을 접어 줍니다.

7. 반시계 방향으로 차례대로 줄을 접어 마지막 줄은 처음 줄을 접을 때 만들어진 공간으로 빼냅니다.

8. 반시계 방향으로 줄을 하나씩 당겨 느슨하지 않게 조여 줍니다.

9. 시계 방향, 반시계 방향을 번갈아 가며 매듭을 만들어 줍니다.

조세핀 매듭

Josephine knot

조세핀 매듭은 모양이 아름다워서 장식 매듭으로 많이 사용합니다. 보기에는 다소 복잡해 보일 수 있으나 줄의 흐름을 이해하면 어렵지 않게 만들 수 있습니다.

줄길이

넣고 싶은 매듭 길이의 약 2~3배로 잘라 주세요. 단, 줄 길이는 줄 굵기에 따라 달라질 수 있습니다.

1. 왼쪽 줄을 접어 올려 오른쪽 줄 위로 공간을 만들어 줍니다.

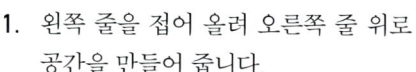
   🏵 **참고** 이후의 과정부터는 오른쪽 줄만 이용해 매듭을 엮습니다.

2. 오른쪽 줄을 접어 왼쪽 줄 위로 올려 줍니다.

3. 상단의 왼쪽 줄 뒤로 가서 2줄 사이의 공간으로 줄을 빼 줍니다.

4. 오른쪽 줄을 다른 줄 고리의 위 → 아래 → 위 순서로 통과하여 대각선 아래로 빼냅니다.

5. 매듭 사이 공간을 조여 가며 모양을 고르게 잘 다듬어 줍니다.

🟤 참고 줄 개수를 늘려 만든 조세핀 매듭

1. 다음은 4줄로 만든 조세핀 매듭입니다. 줄 개수를 늘리면 더욱 아름다운 매듭을 만들 수 있습니다. 이때 줄은 겹치지 않고 평평하게 만들어 줍니다.

2. 매듭을 납작하고 고르게 잘 다듬어 줍니다.

세 줄 땋기 매듭

3-ply braid

머리를 땋을 때 많이 사용하는 매듭이며 비교적 손쉽게 만들 수 있습니다.

1. 1번째 줄을 2번째 줄 위로 가져옵니다.

2. 오른쪽에 있는 3번째 줄을 위로 가져오면서 2번째 줄을 왼쪽으로 놓습니다.

3. 이번에는 왼쪽에 있던 2번째 줄을 위로 가져옵니다.

4. 이번에는 오른쪽에 있는 1번째 줄을 위로 가져옵니다.

5. 왼쪽, 오른쪽 줄을 번갈아 가며 동일한 방법으로 매듭을 만들어 줍니다.

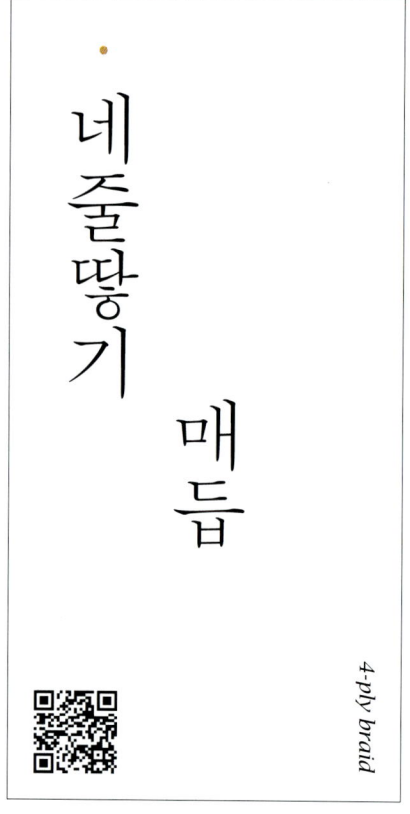

네 줄 땋기 매듭

4-ply braid

세줄땋기 매듭보다 조금 더 복잡하지만 줄이 옮겨 가는 순서만 익히면 어렵지 않은 매듭입니다. 2번째, 4번째 줄을 왼쪽으로 옮겨 1번째, 3번째 줄로 만들고, 그 상태에서 2번째 줄을 3번째 줄 위로 올려 놓는 과정을 반복한다고 생각하면 쉽습니다.

1. 2번째, 4번째 줄을 잡습니다.

2. 2번째, 4번째 줄을 동시에 왼쪽 방향으로 옮겨 놓습니다. 2번째, 4번째 줄이 1번째, 3번째 줄 위치로 옮겨 왔습니다.

3. 현재 위치에서 2번째 줄을 3번째 줄 위로 올립니다.

4. 현재 위치에서 2번째, 4번째 줄을 동시에 왼쪽 방향으로 옮깁니다. 2번째, 4번째 줄이 1번째, 3번째 줄 위치로 옮겨 옵니다.

5. 2번째 줄을 3번째 줄 위로 올립니다.

6. 현재 위치에서 2번째 4번째 줄을 동시에 왼쪽 방향으로 옮깁니다.

7. 2번째 줄을 3번째 줄 위로 올립니다.

8. 1~7의 과정을 반복하여 매듭을 만들어 줍니다.

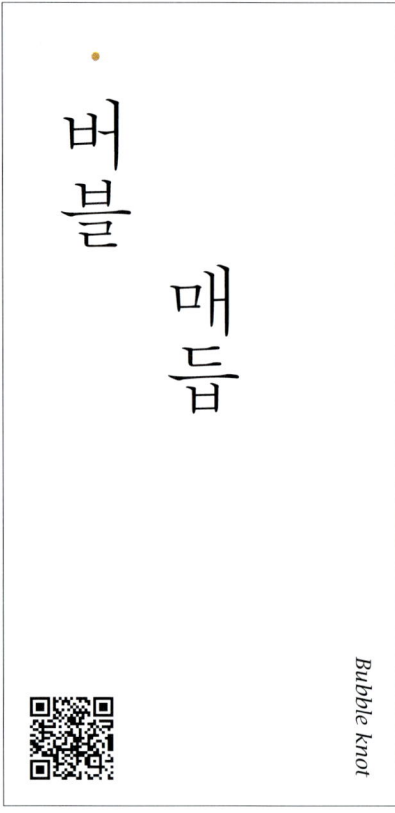

버블 매듭

Bubble knot

버블 매듭은 평매듭으로 만드는 입체 매듭입니다. 모양이 동그랗고 귀여워서 장식 매듭으로 많이 쓰입니다.

줄길이
넣고 싶은 매듭 길이의 약 9~11배로 잘라 주세요. 단, 줄 길이는 줄 굵기에 따라 달라질 수 있습니다.

1. 평매듭 4개를 만들되, 위쪽에 공간을 조금 두고 아래로 만들어 줍니다.

   평매듭 : 038쪽

2. 기둥줄 2개를 사진과 같이 1에서 남겨 둔 위쪽 공간으로 넣어 뒤로 빼 줍니다.

3. 뒤로 빠진 기둥줄을 아래로 당겨 매듭을 동그랗게 말아 줍니다.

4. 동그랗게 말린 매듭이 풀리지 않도록 2~3에서 작업한 4개의 줄을 이용해 바로 아래로 평매듭을 넣어 고정시킵니다.

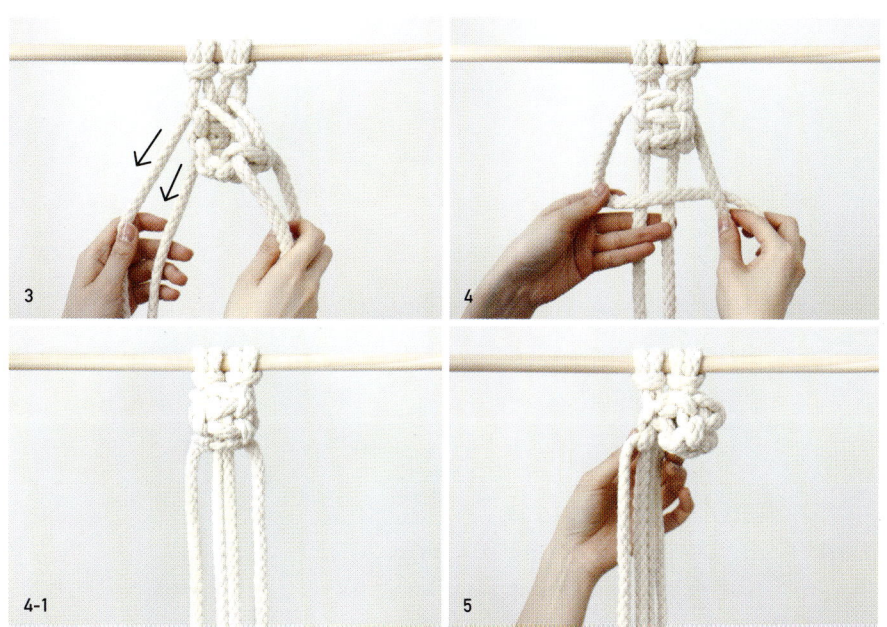

5. 손으로 매듭을 동그랗게 다듬어 줍니다.

매듭으로 만드는

패턴
알아보기

매듭을 응용해서 여러 가지 패턴을 만듭니다.
같은 매듭도 응용하기에 따라서 다양한 패턴을
디자인할 수 있으며, 서로 다른 매듭을 조합하
면 더욱 아름다운 패턴을 만들 수 있습니다. 이
책에서는 기본 패턴을 위주로 다루지만, 같은
패턴도 매듭간의 간격이나 어떤 매듭과 조합하
느냐에 따라 다르므로 나만의 느낌으로 자유롭
게 만들어 봅니다.

그 물 패 턴

Mesh pattern

교차 평매듭을 하되, 조금 여유 있게 간격을 두고 만드는 패턴입니다. 매듭 간격에 따라 조금 다른 느낌을 줄 수도 있습니다. 그물 패턴은 내추럴하고 가벼운 소품을 만들기에 좋습니다.

3. 2와 간격을 일정하게 맞춰 계속해서 교차 평매듭을 넣어 줍니다.

4. 각 매듭에서 2줄씩 가져와 2~3 과정을 반복해 교차 평매듭을 넣어 줍니다. 그물 패턴이 완성됩니다.

🏵 참고 이때, 매듭 간의 간격을 일정하게 유지해주는 것이 중요합니다. 사이즈가 큰 작품을 만들 때는 매듭의 위치를 일자로 맞추기 어려운 경우가 많습니다. 이럴 때는 반 매듭씩 먼저 넣어 일자로 맞춘 후, 나머지 반매듭을 넣어 줍니다. 그리고 자주 뒤로 나와 멀리서 간격을 확인해 봅니다.

1. 라크스 헤드 매듭으로 여러 개의 줄을 걸어 가지런히 정리한 다음 매듭에서 조금 아래로 내려와 평매듭을 일자로 넣어 줍니다.

라크스 헤드 매듭 : 031쪽
평매듭 : 038쪽

🏵 참고 여기서는 6개의 줄을 걸고 평매듭을 3개 만들었습니다.

2. 1번째, 2번째 평매듭에서 각각 2줄씩 가져오고, 1에서 만든 평매듭에서 약간 아래로 내려와 다시 평매듭을 넣어 줍니다.

교차 평매듭 : 040쪽

삼각형 패턴

Triangles pattern

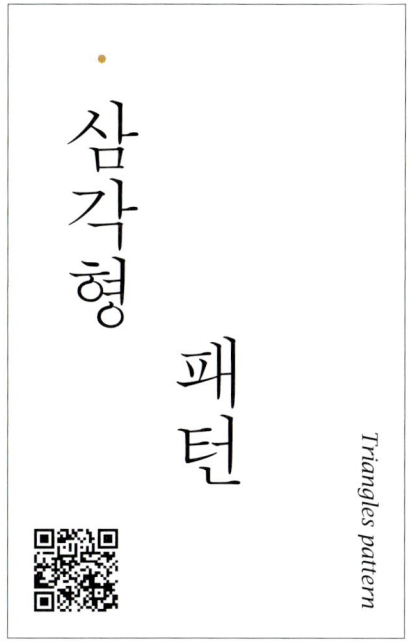

삼각형 패턴 역시 교차 평매듭으로 만드는 패턴이지만, 매듭의 개수를 하나씩 늘리거나 줄여 가면서 삼각형 또는 역삼각형 패턴을 만들 수 있으며, 이를 응용하면 다이아몬드 패턴을 만들 수도 있습니다.

1. 라크스 헤드 매듭을 넣어 여러 개의 줄을 목봉에 건 다음, 평매듭 3개를 넣어 줍니다.

   라크스 헤드 매듭 : 031쪽
   평매듭 : 038쪽

2. 양쪽 평매듭에서 각 2줄씩 가져와 2개의 평매듭을 만듭니다.

3. 중앙에 평매듭 1개를 넣어 줍니다. 매듭 개수가 1개씩 줄어들어 역삼각형 패턴이 만들어집니다.

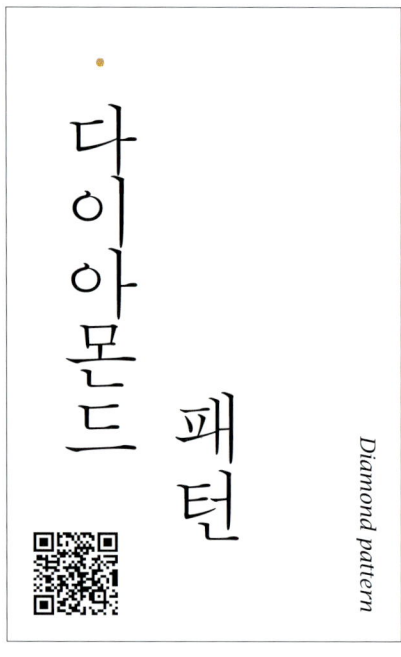

다이아몬드 모양 역시 교차 평매듭으로 만드는 패턴입니다. 평매듭 하나로 시작해 개수를 늘려 가며 마름모 윗부분을 만들고 다시 하나씩 줄여 가며 아랫부분을 만듭니다. 다이아몬드 패턴은 사선 감아매기 매듭을 응용해 만들 수도 있습니다.

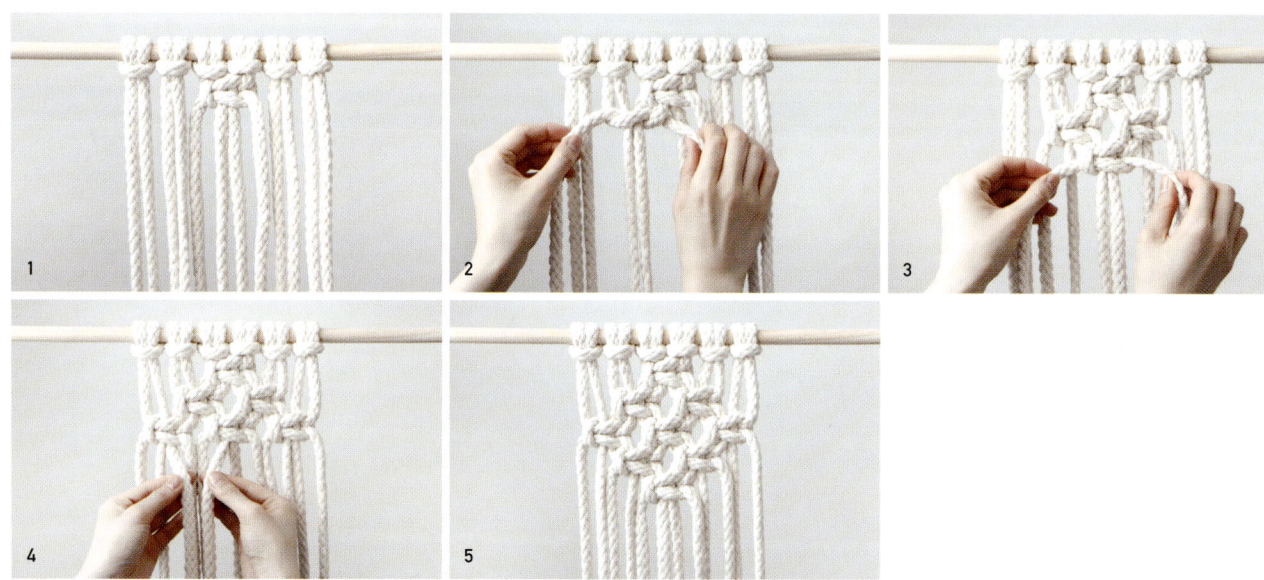

1. 라크스 헤드 매듭을 넣어 여러 개의 줄을 목봉에 건 다음, 평매듭을 중앙에 1개 넣어 줍니다.

   라크스 헤드 매듭 : 031쪽
   평매듭 : 038쪽

4. 패턴의 크기를 키우고 싶으면 매듭을 양 옆으로 추가합니다.

2. 1에서 만든 매듭에서 2줄, 왼쪽 옆에서 2줄을 가져와 다시 평매듭을 넣어 줍니다.

5. 4의 아래로 매듭의 개수를 1개씩 줄이면 다이아몬드 패턴을 만들 수 있습니다.

3. 2~3에서 만든 평매듭의 아래 중앙에 1개의 평매듭을 넣어 다이아몬드 패턴을 만들어 줍니다.

물고기뼈 패턴

Fishbone pattern

평매듭을 응용해서 만드는 물고기뼈 모양의 패턴입니다. 같은 기둥줄에 엮는줄만 바꿔 가며 만드는 것으로, 사선으로 내려오는 엮는줄의 패턴이 아름답습니다.

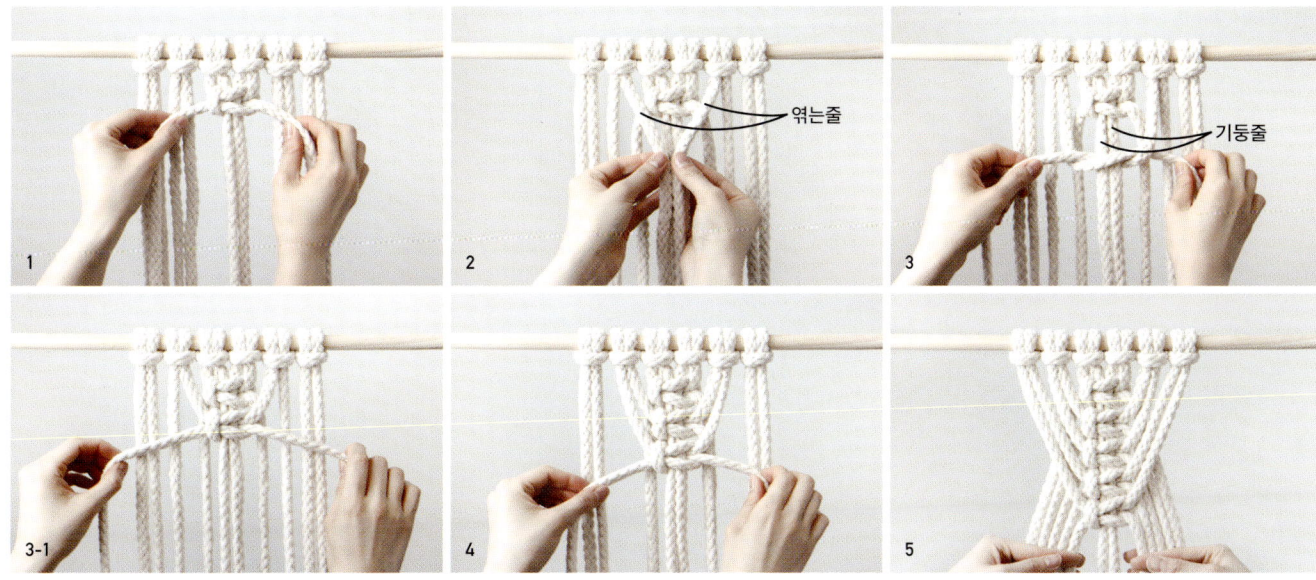

1. 라크스 헤드 매듭으로 여러 개의 줄을 걸어 가지런히 정리한 다음, 중앙에 평매듭을 넣습니다.
   라크스 헤드 매듭 : 031쪽
   평매듭 : 038쪽

2. 평매듭 바로 양옆 줄이 새로운 엮는줄이 됩니다.

4. 다시 양옆 줄을 새 엮는줄로, 하나씩 가져와 평매듭을 넣어 줍니다.

3. 평매듭의 기둥줄과 양옆의 새 엮는줄로 평매듭을 넣어 줍니다.

5. 1~4의 과정을 반복해 매듭을 만들어 물고기뼈 패턴을 완성합니다.
   ✤ **참고** 이때 엮는줄을 너무 타이트하게 당기면 매듭이 앞으로 말릴 수 있으니 조금 여유있게 매듭을 넣어 주세요.

웨이브 패턴은 두 물결무늬가 교차된 모양의 패턴으로 사선 감아 매기 매듭으로 만듭니다. 연속적인 마름모 모양과 같으며 보헤미안 스타일의 벽 장식을 만들 때 많이 사용합니다.

1. 4개의 줄로 라크스 헤드 매듭을 넣어 8개의 줄을 만들고, 가운데 2줄을 기둥줄로 삼아 사선으로 패턴을 만들어 봅니다.

   라스크 헤드 매듭 : 031쪽

2. 가운데에 있는 2개의 줄을 엇갈리게 교차시켜 오른쪽 줄을 위로 올립니다.

   ✤ **참고** 두 개의 줄은 기둥줄로 사용되며, 왼쪽 기둥줄은 처음에는 엮는줄로 사용됩니다.

3. 왼쪽 기둥줄을 엮는줄 삼아 사선 감아매기 매듭을 넣습니다.

   사선 감아매기 매듭 : 046쪽

4. 2~3 과정을 반복해 차례대로 사선 감아매기 매듭을 넣어 왼쪽 아래로 내려옵니다.

5. 2에서 엇갈리게 가져온 왼쪽 기둥줄로 반대편 방향으로 내려가면서 사선 감아매기 매듭을 넣어 줍니다.

6. 마름모의 위쪽 모양을 만듭니다.

7. 오른쪽 끝에 있는 기둥줄을 왼쪽 아래로 잡고, 안쪽의 엮는줄을 오른손으로 잡습니다.

8. 기둥줄이 왼쪽 아래로 내려간 상태에서 오른손으로 잡은 엮는줄을 이용해 사선 감아매기 매듭을 넣어 줍니다.

9. 오른쪽에 있는 3개의 엮는줄까지만 사선 감아매기 매듭을 넣고, 왼쪽의 3 엮는줄과 기둥줄은 남겨 둡니다.

10. 왼쪽 끝에 있는 기둥줄을 오른쪽 아래로 잡고 안쪽의 엮는줄을 왼손으로 잡아 줍니다.

11. 차례대로 사선 감아매기 매듭을 넣어 마름모 모양을 만들어 줍니다.

12. 두 번째 마름모 모양을 만들어 봅니다. 2와 같은 방법으로 오른쪽 기둥줄을 왼쪽 기둥줄 위로 올려 줍니다.

13. 왼쪽 기둥줄을 엮는줄로 가져와 왼쪽 사선 아래로 감아매기 매듭을 넣어 줍니다.

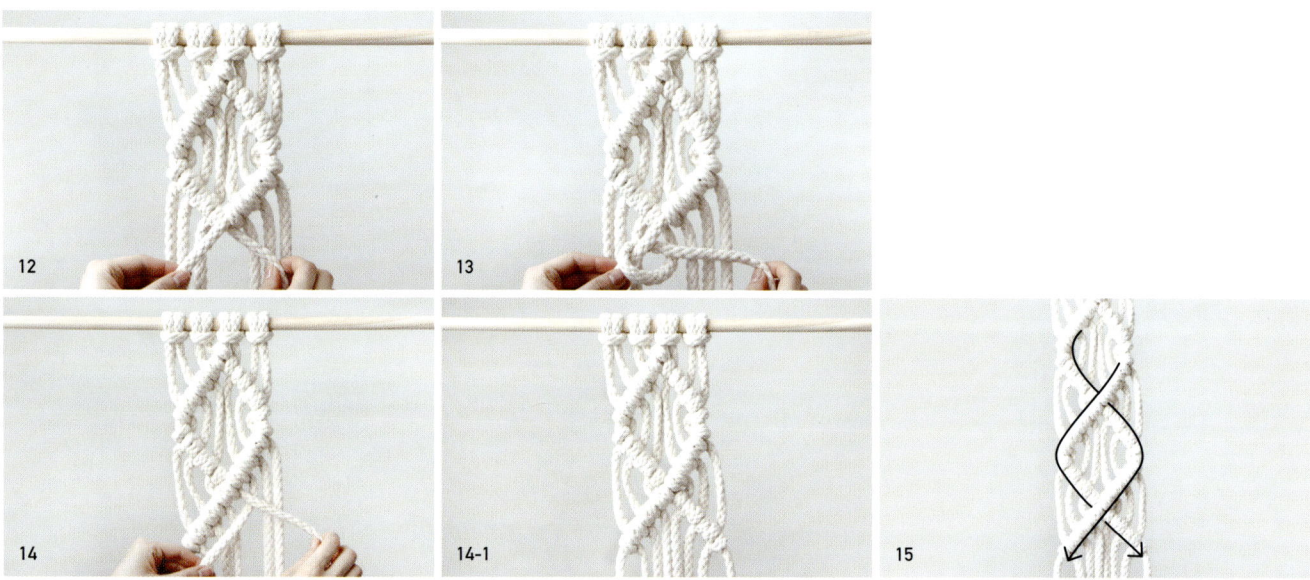

14. 엇갈리게 가져온 왼쪽 기둥줄을 이용해 오른쪽 아래로 사선 감아매기 매듭을 넣어 줍니다.

15. 7~11 과정을 반복해 두 웨이브가 연속적으로 교차된 모양을 완성합니다.

⚜ **참고** 이어지는 사선이 한 방향이 되도록 합니다. 여기서는 오른쪽 사선을 길게 이어 줬지만 왼쪽으로 해도 상관없습니다.

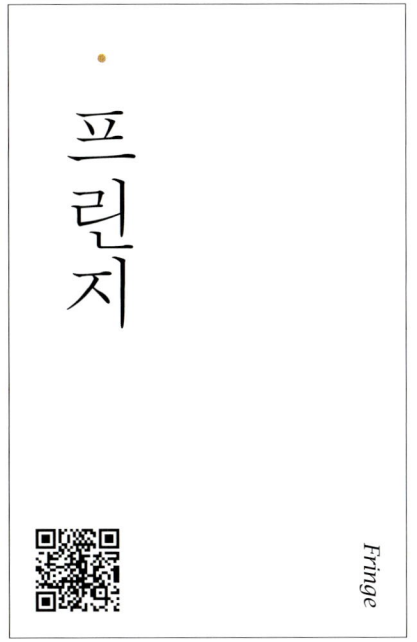

Fringe

프린지는 라크스 헤드 매듭을 모아서 만드는 장식으로, 단순한 방법이지만 풍성한 질감을 표현하기에 좋습니다. 작품을 만들다 길게 남은 줄을 모아 프린지로 활용하면 좋습니다.

1. 긴 줄 하나로 라크스 헤드 매듭을 두 개 만들어 프린지를 넣을 공간을 만들어 줍니다.

2. 짧은 줄을 반으로 접어 긴 줄 앞에서 뒤로 건 다음, 라크스 헤드 매듭을 넣어 줍니다.

   라크스 헤드 매듭 : 031쪽

3. 2의 과정을 반복합니다.

4. 각각 서로 다른 줄의 길이를 잘라 가지런히 정돈합니다.

5. 라크스 헤드 매듭의 방향을 바꾸면 또 다른 디자인을 만들 수 있습니다.

project 1

초록의 기운을 가득 담아내는

마크라메
가드닝

이국적인 스타일의 플랜트 행거로 집 안 가득,
싱그러운 초록의 기운을 더해 보세요. 생동감
있는 식물과 마크라메의 조화가 집 안을 화사
하게 해 줄 거예요.

3줄기 매듭으로 만드는 초록초록

플랜트 행거 입체형
Plant hanger basic 1

플랜트 행거는 공중에 띄우는 입체형과 벽에 거는 벽걸이 형태로 크게 두 가지 스타일로 나뉩니다. 먼저 만들어 볼 플랜트 행거는 입체형으로 상단에 랩핑 매듭으로 고리를 엮는 게 특징입니다. 입체형 플랜트 행거는 우드링을 사용하지 않고 기본 매듭으로만 만들지만, 나무만의 따뜻한 분위기를 내고 싶다면 중간에 작은 우드 비즈를 넣어 장식해도 좋습니다.

Materials
• 90합(4mm) 면 로프 22m
• 외경 2cm~2.5cm/내경 1cm 우드 비즈 3개

Knots
• 랩핑 매듭
• 평매듭
• 평돌기 매듭
• 스위치 평매듭

Preparation
• 330cm 줄 3개(엮는줄)
• 270cm 줄 3개(기둥줄)
• 150cm 줄 1개(상단 고리 부분 랩핑 매듭)
• 90cm 줄 2개(랩핑 매듭)

난이도 ●●●○○

3줄기로 매듭 만들기

1. 330cm, 270cm 줄 6개를 반으로 접어 준비합니다.

2. 가운데에 150cm 줄로 약 10cm의 랩핑 매듭을 넣습니다.
랩핑 매듭 : 036쪽

3. 2의 줄을 한데 모아 90cm 줄로 랩핑 매듭을 약 5cm 넣어 줍니다.

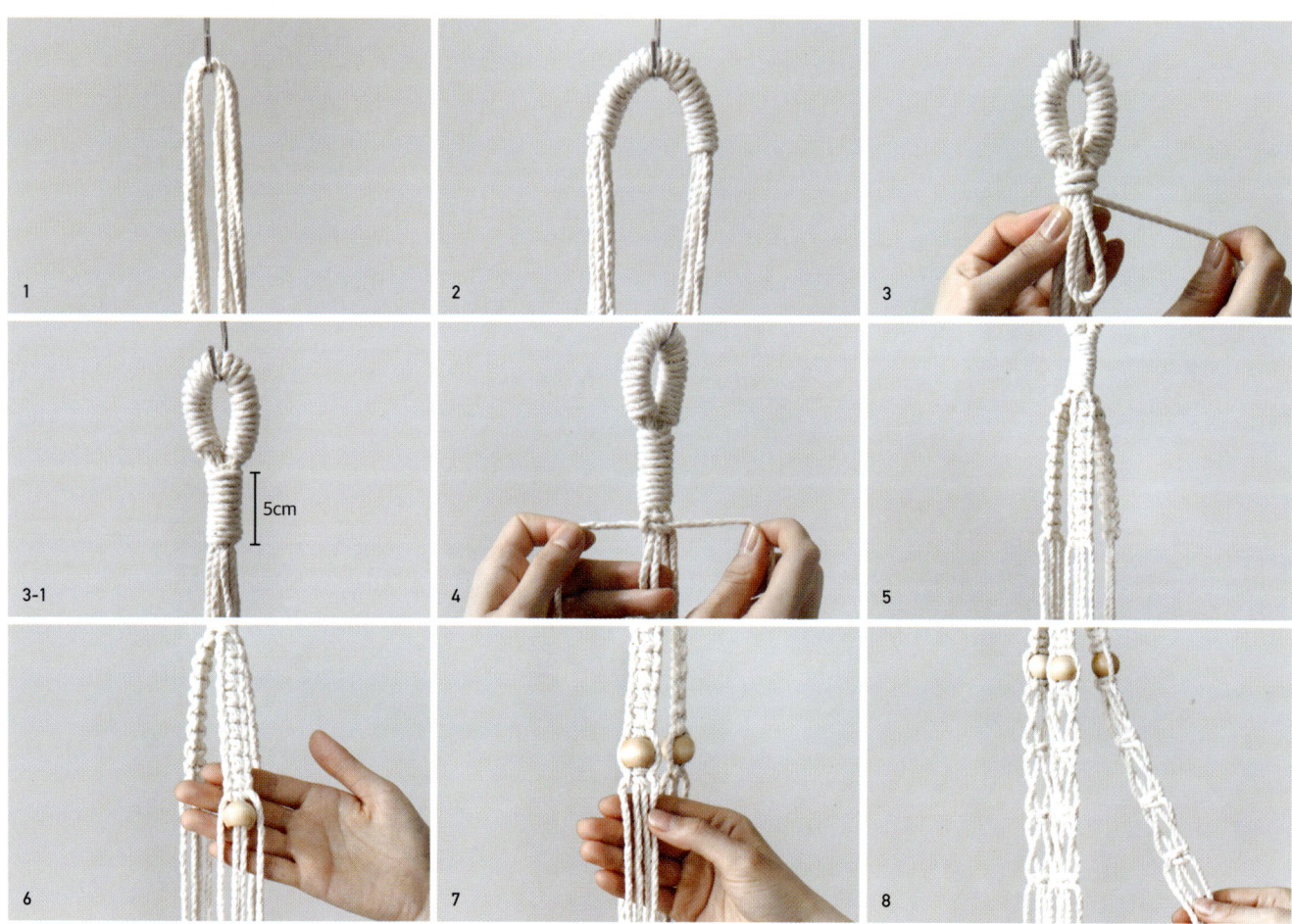

4. 270cm 2줄, 330cm 2줄을 가져와 짧은 줄을 기둥줄로, 긴 줄을 엮는줄로 삼아 평매듭을 넣습니다.
평매듭 : 038쪽

5. 아래로 평매듭을 10번 넣어 줍니다. 남은 줄도 270cm 2줄, 330cm 2줄을 가져와 평매듭을 넣어 크게 3줄기로 만듭니다.

6. 각 줄기의 기둥줄에 우드 비즈를 끼워 줍니다.

7. 6의 아래에 평매듭을 넣어 비즈를 고정시킵니다.

8. 각 줄기에 스위치 평매듭을 3번씩 넣어 줍니다.
스위치 평매듭 : 042쪽

나뉘진 줄기 잇기

9. 스위치 평매듭 아래에 평돌기 매듭을 약 10cm씩 넣어 줍니다.

평돌기 매듭 : 043쪽

10. 3개의 줄기에서 각각 2줄씩 가져와 10cm 아래에 평매듭을 3번씩 넣어 줍니다.

🌸 **참고** 이때 각 줄기에서 가져온 엮는줄은 기둥줄이 되고, 기둥줄은 엮는줄이 됩니다.

11. 분리되어 있던 3줄기의 매듭이 평매듭으로 서로 연결됩니다.

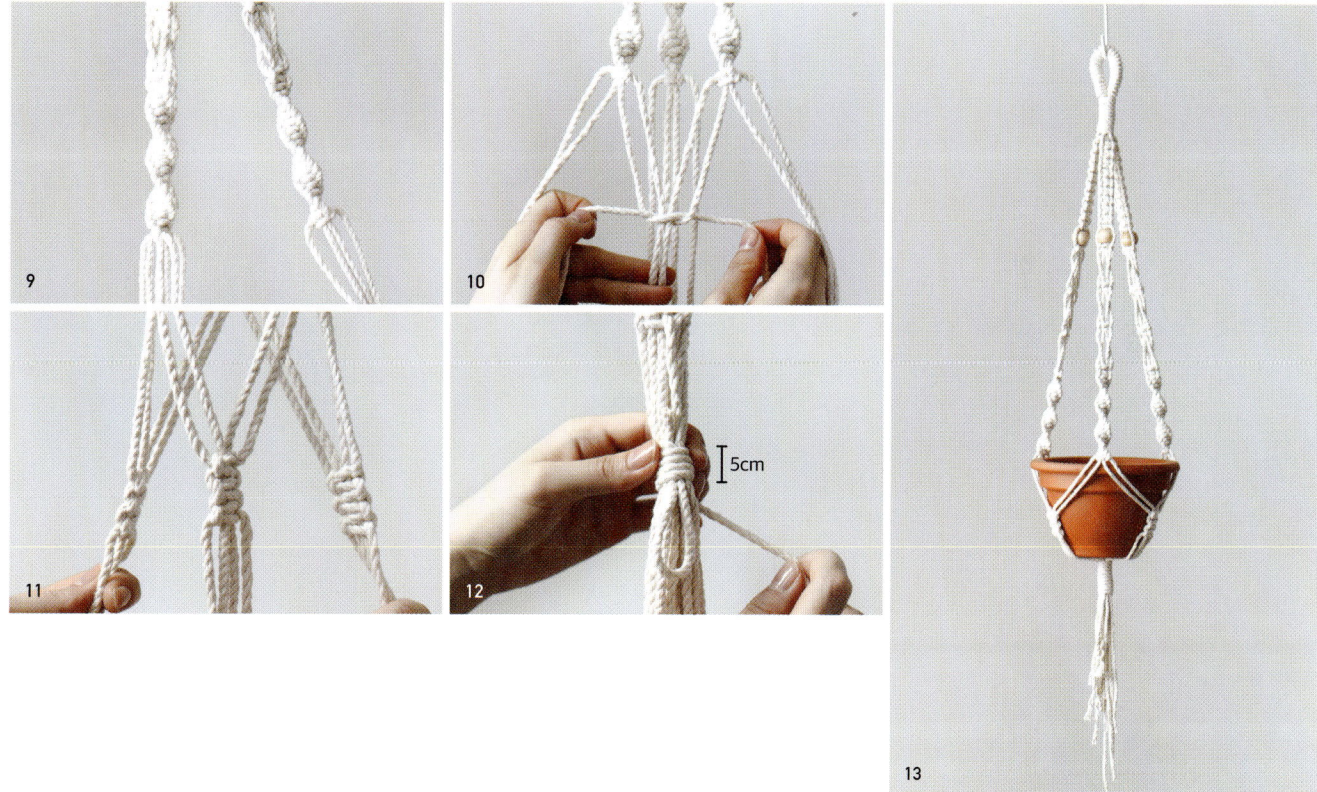

12. 줄기를 한데 모아 약 7~10cm 아래에서 90cm 줄로 랩핑 매듭을 약 5cm 넣어 줍니다.

13. 아래 줄은 원하는 모양으로 잘라 마무리합니다. 완성된 입체형 플랜트 행거입니다.

싱그러움을 걸어 주는

플랜트 행거 벽걸이 형

Plant hanger basic 2

난이도 ●●●○○

옆모습과 앞주머니가 멋스러운 모던한 스타일의 플랜트 행거 벽걸이형을 만들어 보겠습니다. 라크스 헤드 매듭과 평매듭을 이용해 다이아몬드 패턴을 만들고, 줄을 추가해 점차 면적이 넓어지는 다이아몬드 패턴을 배워 봅니다. 이 패턴은 플랜트 행거뿐만 아니라 벽 장식을 만들 때도 응용할 수 있습니다.

Materials
- 브레이드 로프 또는 120합 면 로프(4.5mm) 30m
- 외경 5cm~6cm/내경 4cm~5cm 우드링 1개

Knots
- 라크스 헤드 매듭
- 랩핑 매듭
- 평매듭
- 교차 평매듭

Patterns
- 다이아몬드 패턴

Preparation
- 270cm 줄 8개
- 120cm 줄 6개(주머니 부분)
- 80cm 줄 1개(랩핑 매듭)

줄을 추가해
다이아몬드 패턴 만들기

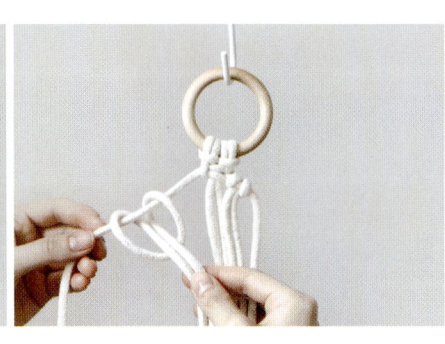

1. 270cm 줄 2개를 반으로 접고 우드 링에 앞에서 뒤로 걸어 라크스 헤드 매듭을 넣어 줍니다. 그 아래에 평매 듭을 한 번 더 넣어 줍니다.

   라크스 헤드 매듭 : 031쪽
   평매듭 : 038쪽

2. 양쪽 엮는줄에 270cm 줄 1개씩 뒤에 서 앞으로 걸어 라크스 헤드 매듭을 넣어 줍니다. 줄이 추가됩니다.

3. 라크스 헤드 매듭 아래로 평매듭을 각각 한 번씩 넣어 줍니다.

4. 2~3 과정을 2번 더 반복하여 양쪽 엮 는줄에 270cm 줄을 추가한 다음, 교 차 평매듭으로 다이아몬드 패턴을 만 들어 줍니다.

   교차 평매듭 : 040쪽
   다이아몬드 패턴 : 072쪽

5. 교차 평매듭으로 다이아몬드 패턴을 총 3개 만들어 줍니다.

화분 주머니
만들기

6. 3번째 다이아몬드 패턴에서 4cm 아래로 내려와 가운데에서부터 교차 평매듭을 사선 아래로 넣어 줍니다.

7. 양쪽 끝에 120cm 줄을 앞에서 뒤로 걸어 라크스 헤드 매듭을 넣습니다. 줄이 추가됩니다.

8. 추가한 2개의 줄과 안쪽의 엮는줄을 이용해 양쪽 끝에 평매듭을 한 번씩 넣어 줍니다.

9. 7~8 과정을 두 번 더 반복해 줄을 추가합니다.

10. 이번에는 가운데에서 6cm아래로 내려와 교차 평매듭을 사선 아래 방향으로 넣어 줍니다.

11. 양 끝의 2줄은 매듭을 넣지 않고 남겨 둡니다.

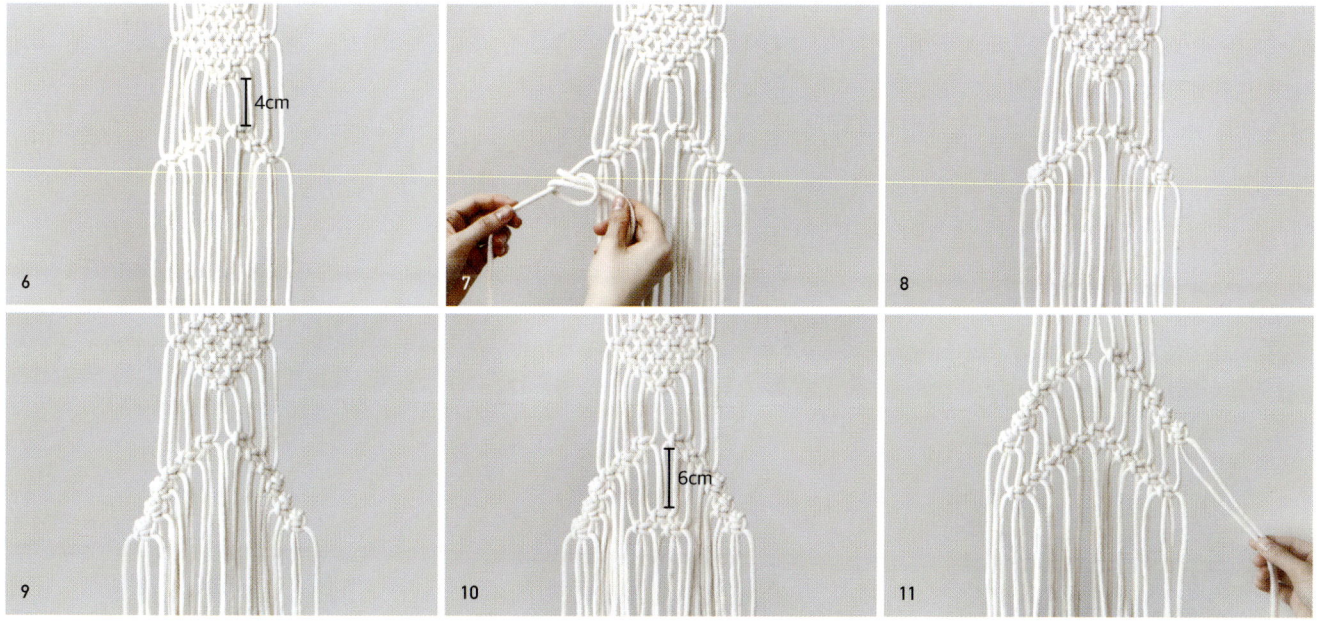

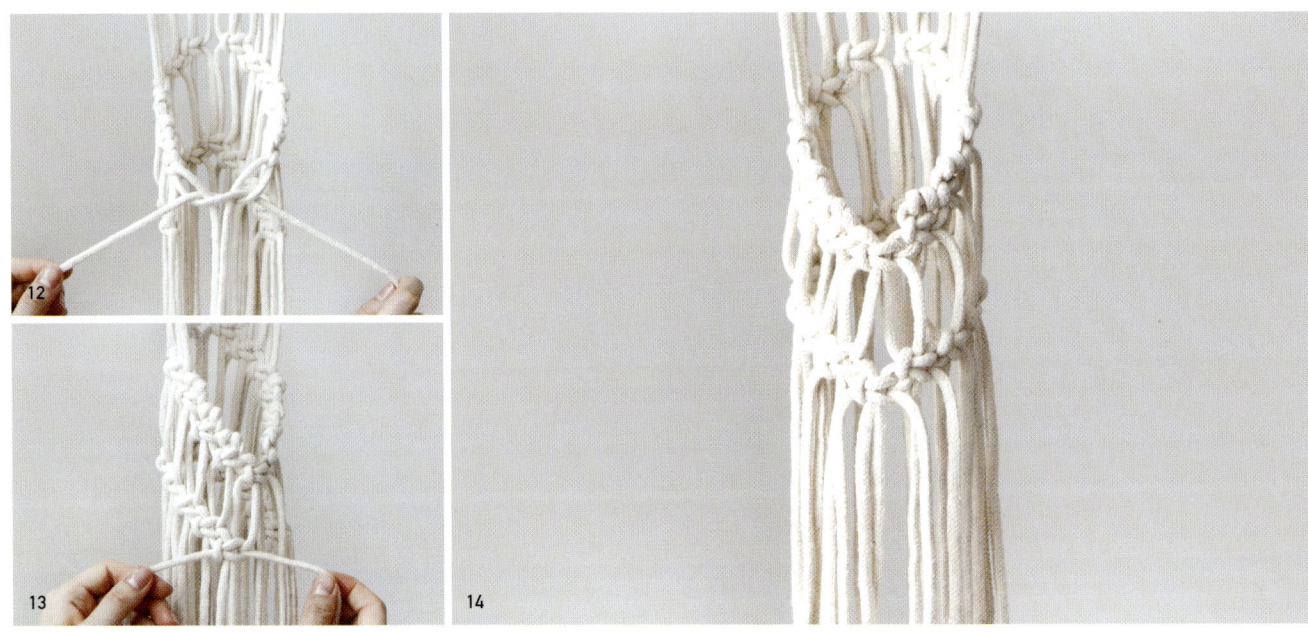

12. 11의 양 끝 2줄을 가운데로 가져와 평매듭으로 연결해 줍니다.

13. 10~11에서 교차 평매듭한 줄 2개와 12에서 평매듭한 줄 2개를 가져와 다시 평매듭을 넣어 입체적으로 만들어 줍니다.

14. 13에서 양쪽으로 내려온 매듭을 가운데에서 평매듭으로 이어 줍니다. 교차 평매듭 2줄로 이루어진 주머니가 만들어집니다.

15. 80cm 줄로 랩핑 매듭을 넣어 마무리
합니다.

랩핑 매듭 : 036쪽

✿ **참고** 화분의 크기에 따라 마무리할 랩핑
매듭의 위치를 정합니다.

16. 완성된 플랜트 행거입니다.

크라운 매듭과 버블 매듭으로 만드는

플랜트 행거 응용형 *Plant hanger advanced*

장식 매듭인 크라운 매듭과 버블 매듭을 이용하여 좀 더 화려하고 입체감 있는 플랜트 행거를 만들어 봅니다. 크라운 매듭과 버블 매듭은 줄이 많이 사용되는 매듭으로 줄을 길게 잘라 준비합니다.

Materials
- 90합(4mm) 면 로프 39m
- 외경 5cm~6cm/내경 4cm~5cm 우드링 1개

Knots
- 랩핑 매듭
- 크라운 매듭
- 평매듭
- 교차 평매듭
- 버블 매듭

Preparation
- 450cm 줄 8개
- 90cm 줄 3개(랩핑 매듭)

난이도 ●●●●○

1. 우드링에 450cm 줄 8개를 반으로 접어 넣습니다.

2. 90cm 줄로 랩핑 매듭을 약 5cm 정도 넣어 줍니다.

   랩핑 매듭 : 036쪽

3. 4줄씩 십자가 모양으로 4등분하여 크라운 매듭을 넣어 줍니다.

   크라운 매듭 : 058쪽

4. 계속해서 크라운 매듭을 넣어 약 20cm가 되게 합니다.

5. 크라운 매듭에서 15cm 아래로 내려와, 나뉜 4줄기의 줄에 각각 평매듭을 아래로 5번씩 넣어 줍니다.

   평매듭 : 038쪽

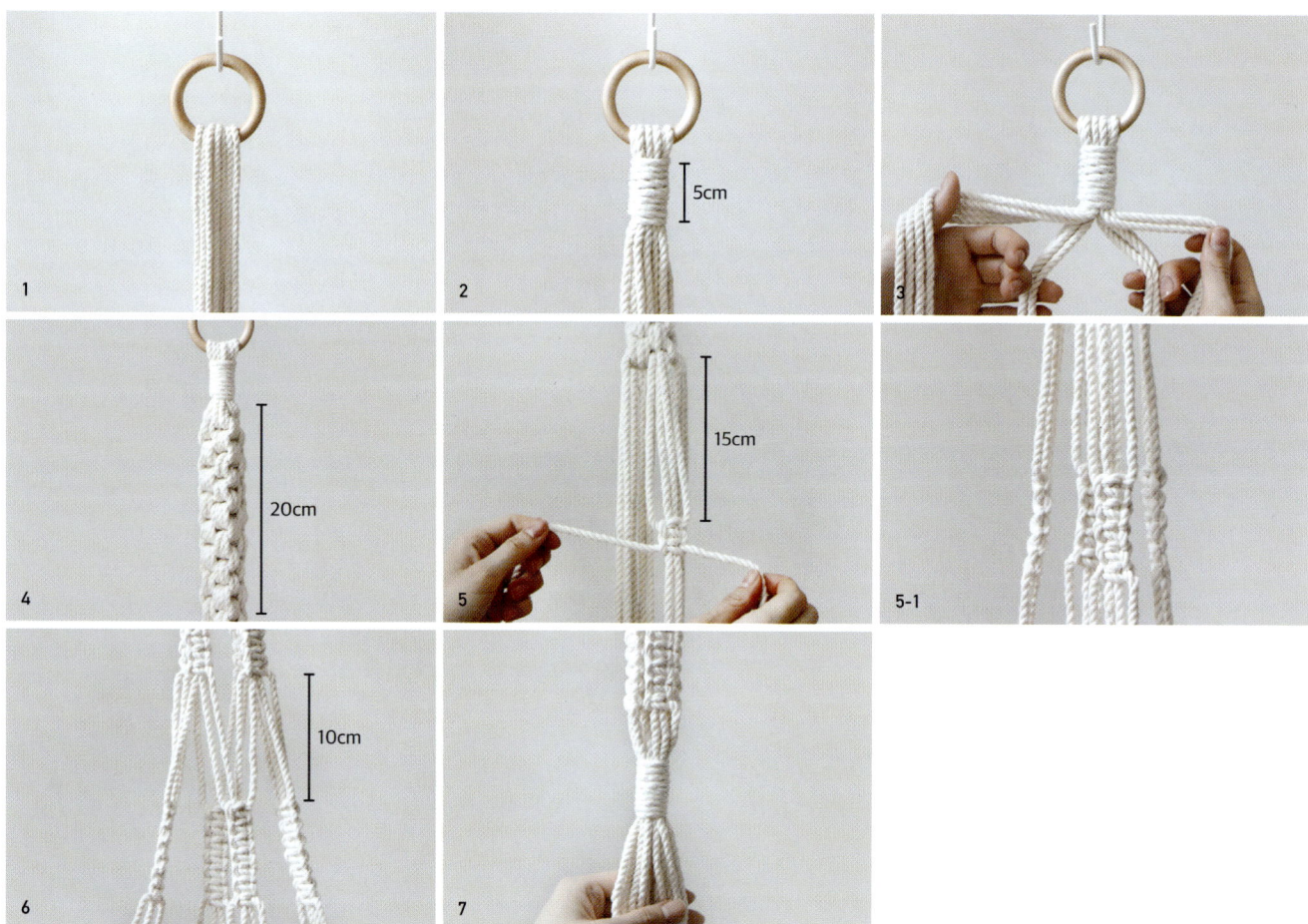

6. 한 줄기에서 2줄씩 가져오고 먼저 만든 평매듭에서 10cm 정도 내려와 교차 평매듭을 넣고, 다시 평매듭을 6개씩 넣어 줍니다. 이때 각 줄기에서 가져온 엮는줄은 기둥줄이 되고 기둥줄은 엮는줄이 됩니다. 분리된 줄기가 서로 매듭으로 연결됩니다.

   교차 평매듭 : 040쪽

7. 교차 평매듭에서 3cm 아래로 내려와 90cm줄로 랩핑 매듭을 넣습니다.

버블 매듭으로 장식하기

8. 랩핑 매듭과 약간 공간을 두고 아래로 내려와 평매듭을 4번 넣어 줍니다.

9. 기둥줄 2개를 8에서 남겨 둔 공간으로 넣어 뒤로 빼 줍니다.

버블 매듭 : 066쪽

10. 만든 버블 매듭이 풀리지 않도록 바로 아래에 평매듭을 넣어 줍니다. 같은 방법으로 버블 매듭을 3개 더 만들어 줍니다.

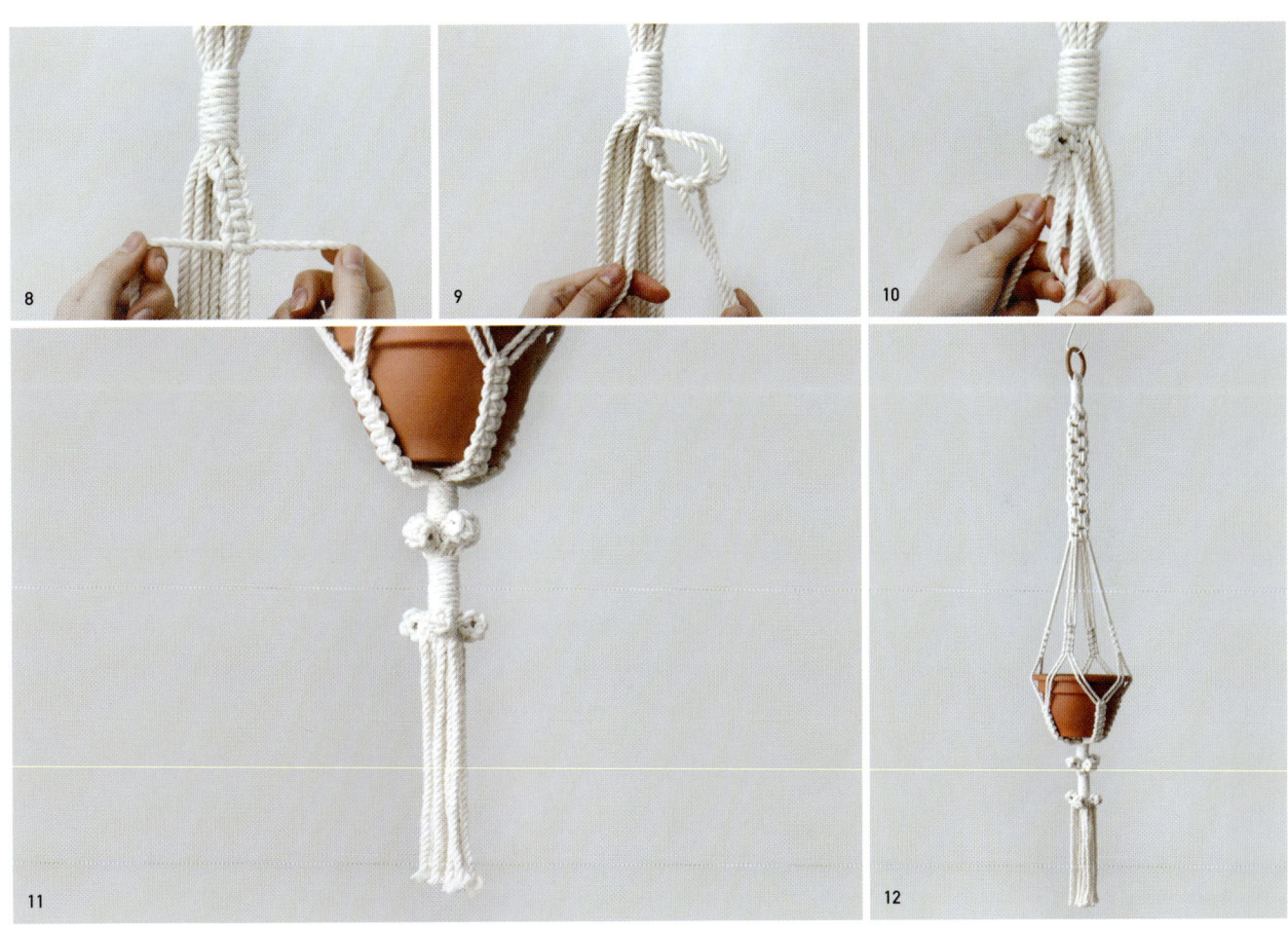

11. 버블 매듭 아래로 랩핑 매듭을 넣은 뒤 그 아래로 8~10 과정을 반복해 버블 매듭을 만들어 줍니다. 줄을 적당한 길이로 잘라 마무리합니다.

12. 플랜트 행거가 완성된 모습입니다.

길게 늘어진 프린지가 우아한

프린지 플라워 행거

Fringe flower hanger

꽃 한 송이를 담은 화병을 공중에 매달 수 있는 작은 크기의 플라워 행거를 만들어 봅니다. 늘어진 프린지가 우아한 플라워 행거에 화병을 놓으면 무척 잘 어울립니다. 프린지 행거는 세로 라크스 헤드 매듭으로 상단에 고리를 만들고 좌우엮기 매듭으로 행거의 줄을 장식합니다.

Materials
• 48합(3mm) 면 로프 38m

Knots
• 세로 라크스 헤드 매듭
• 랩핑 매듭
• 좌우엮기 매듭
• 평매듭
• 교차 평매듭
• 프린지

Preparation
• 260cm 줄 6개
• 120cm 줄 1개(세로 라크스 헤드 매듭)
• 80cm 줄 2개(랩핑 매듭)
• 40cm 줄 48개(프린지)

난이도 ●●●○○

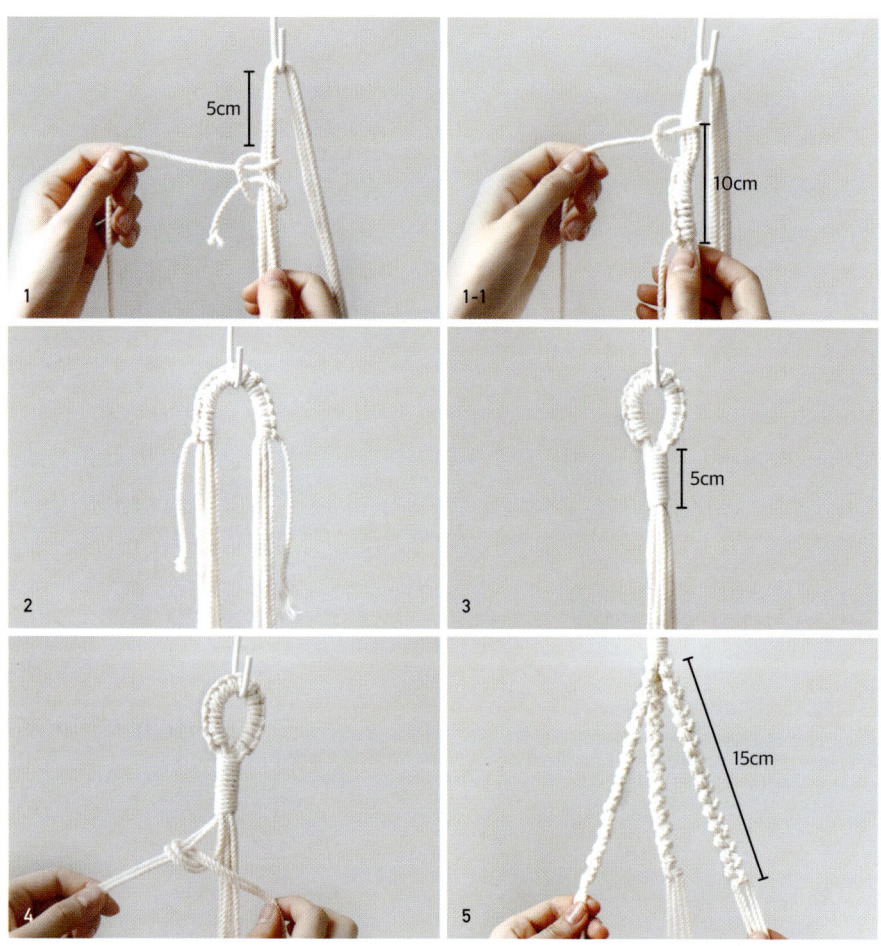

1. 260cm 줄 6개를 반으로 접어 준비합니다. 120cm 줄로 약 5cm 아래에서부터 세로 라크스 헤드 매듭을 넣기 시작하여 10cm 정도 매듭을 넣어 줍니다.

   세로 라크스 헤드 매듭 : 033쪽

2. 매듭을 반으로 접어 고리 형태로 만듭니다.

3. 매듭에서 남은 줄을 포함해 80cm 줄로 랩핑 매듭을 5cm 정도 넣어 줍니다.

   랩핑 매듭 : 036쪽

4. 2줄씩 잡아 좌우엮기 매듭을 넣어 줍니다. 총 3줄기를 만듭니다.

   좌우엮기 매듭 : 054쪽

5. 좌우엮기 매듭은 각각 15cm 정도로 넣어 줍니다.

6. 좌우엮기 매듭에서 10cm 아래로 내려와 평매듭을 하나씩 넣어 줍니다.

7. 평매듭에서 6cm 아래로 내려와 각 줄기에서 2줄씩 가져와 교차 평매듭을 넣어 서로 연결합니다. 다시 6cm 아래로 내려와 교차 평매듭을 한 번 더 넣은 뒤 6cm 아래에서 80cm 줄로 랩핑 매듭을 넣어 줍니다.

교차 평매듭 : 040쪽

8. 교차 평매듭으로 생긴 줄에 40cm 줄을 뒤에서 앞으로 걸어 라크스 헤드 매듭을 넣어 프린지를 만들어 줍니다. 이때 프린지 개수는 교차하는 줄의 길이에 따라 다릅니다. 여기서는 각각의 줄에 8개씩 넣었습니다.

프린지 : 077쪽

9. 프린지 플라워 행거가 완성되었습니다.

무
심
한
듯
아
름
다
운
보
헤
미
안

화분 커버

Plant wrap

디자인이 맘에 들지 않는 화분이 있다면 마크라메로 만든 드레스를 입혀 보세요. 선반이나 창틀에 올려놓으면 더욱 아름답습니다. 가로 감아매기 매듭과 사선 감아매기 매듭으로 여성스러운 드레스 모양을 만들고 프린지 레이어를 추가합니다.

Materials
• 푼사 또는 150합 면 로프(5mm) 32m
• 40cm이상 목봉 혹은 막대기

Knots
• 라크스 헤드 매듭
• 평매듭
• 가로 감아매기 매듭
• 사선 감아매기 매듭
• 한매듭
• 프린지

Patterns
• 삼각형 패턴

Preparation
• 120cm 줄 1개(목봉에 고정 시키는줄)
• 150cm 줄 6개
• 110cm 줄 16개
• 90cm 줄 1개(감아매기 매듭 기둥줄)
• 30cm 줄 12개(프린지)

난이도 ●●●○○

화분 커버
시작하기

1. 120cm 줄을 목봉이나 막대기에 테이프로 팽팽하게 고정시킵니다.

2. 110cm 줄 8개, 150cm 줄 6개, 110cm 줄 8개를 나열한 순서대로 앞에서 뒤로 걸어 라크스 헤드 매듭을 넣어 줍니다.

라크스 헤드 매듭 : 031쪽

3. 줄 사이 간격은 너무 멀거나 가깝지 않게 일정한 간격으로 걸어 줍니다.

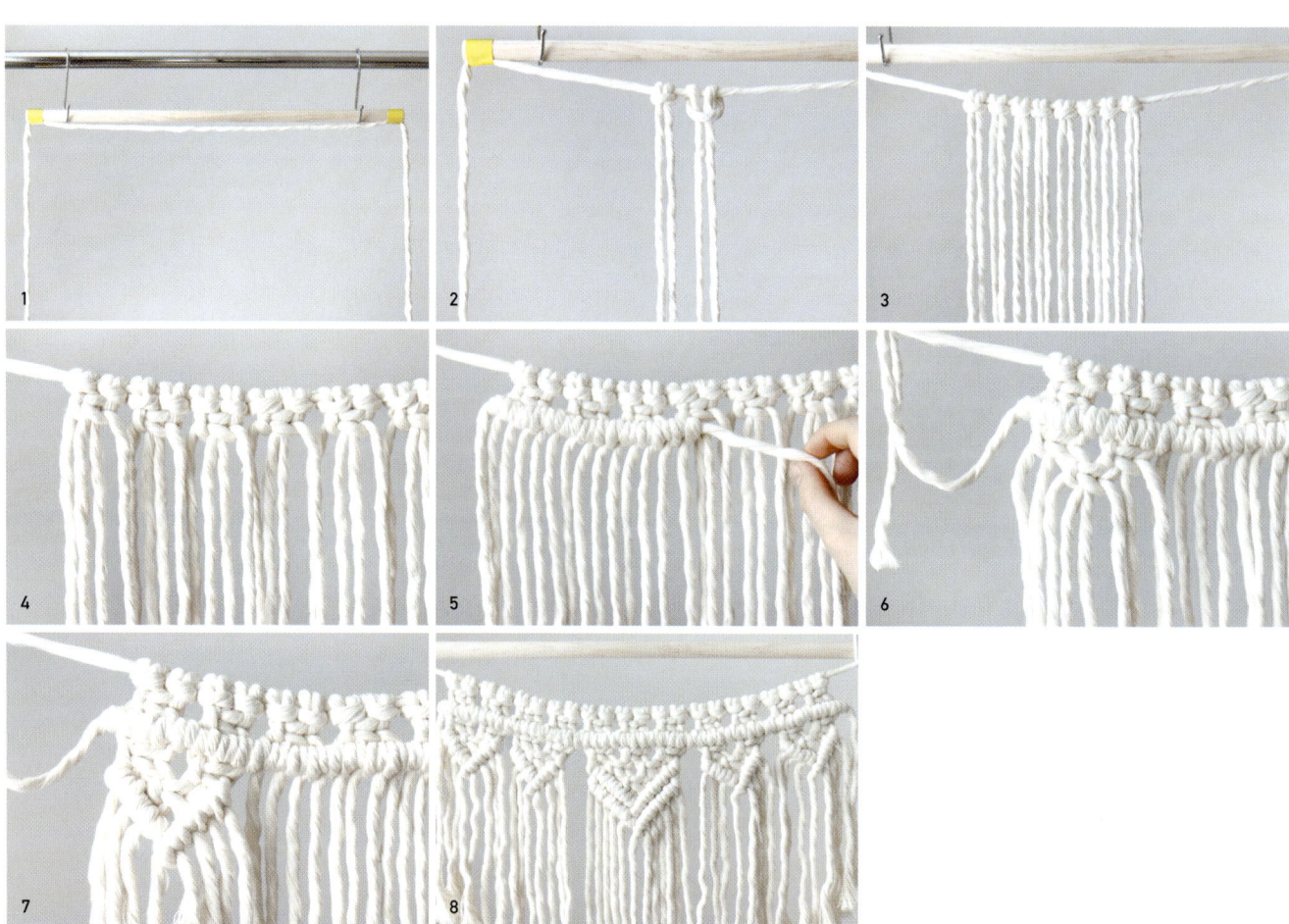

4. 평매듭을 가로로 1줄 넣어 줍니다.

평매듭 : 038쪽

7. 역삼각형 패턴 아래로 사선 감아매기 매듭을 넣은 뒤 오른쪽 방향으로 매듭을 닫아 줍니다.

사선 감아매기 매듭 : 046쪽

5. 90cm 줄을 기둥줄로 삼아 가로 감아매기 매듭을 1줄 넣어 줍니다.

가로 감아매기 매듭 : 048쪽

8. 6~7 과정을 반복해 사진과 같이 매듭을 만들어 줍니다. 이때 가운데 패턴은 평매듭을 3개, 2개, 1개 순으로 넣어 주고, 그 아래로 사선 감아매기 매듭을 2번 반복해 조금 더 큰 역삼각형 패턴을 만들어 줍니다.

6. 감아매기 매듭 아래로 평매듭을 각각 2개, 1개를 순서대로 만들어 작은 역삼각형 패턴을 만들어 줍니다.

삼각형 패턴 : 071쪽

🔸 **참고** 이때 5의 감아매기 매듭의 기둥줄이 포함되지 않도록 주의합니다.

프린지 레이어
만들기

9. 가운데 큰 패턴을 기준으로 양옆 줄을 하나씩 가져와 한매듭을 넣습니다.

한매듭 : 030쪽

10. 한매듭의 좌우 빈 공간에 30cm 줄 12개를 각각 6개씩 앞에서 뒤로 걸고 라크스 헤드 매듭을 넣어 프린지를 만들어 줍니다.

프린지 : 077쪽

11. 프린지 레이어의 길이를 원하는 길이로 잘라 정리합니다.

12. 전체 길이를 원하는 모양으로 잘라 정리합니다.

13. 완성된 화분 커버를 화분 위로 두르고 뒤에서 묶어 주세요.

project 2

밋밋한 공간에 활력을 주는

마크라메
인테리어

처음 유행할 때부터 마크라메는 인테리어 소품
으로 가장 많은 사랑을 받아 왔어요. 침대나 소
파 위, 밋밋한 공간에 직접 만든 마크라메 작품
을 걸면 아늑한 느낌과 입체감이 더해질 거예
요. 무심한 듯 툭 걸어 놓기만 해도 확~ 살아나
는 공간, 마크라메와 함께 하세요.

역삼각형 패턴의

모던 스타일

벽 장식 기본형

Modern wall hanging basic

마크라메의 가장 기본 매듭인 평매듭을 응용하여 역삼각형과 'V'자 패턴으로 모던한 스타일의 벽 장식을 만들어 보겠습니다. 매듭 사이 간격을 조금 넉넉하게 하면 더 가볍고 내추럴한 분위기를 낼 수 있습니다. 로프 색만 바꿔도 분위기가 달라지니 여기에서 사용한 검은색 이외에도 다양한 색으로 만들어 보세요.

Materials
- 120합(4.5mm) 블랙 면 로프 또는 일반 면 로프 49m
- 가로 45cm 지름 1cm 목봉

Knots
- 라크스 헤드 매듭
- 평매듭
- 교차 평매듭
- 스위치 평매듭
- 한매듭

Patterns
- 삼각형 패턴

Preparation
- 270cm 줄 18개

난이도 ●●○○○

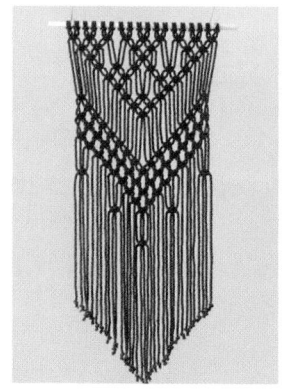

1. 270cm 줄 18개를 반으로 접고 목봉
   의 앞에서 뒤로 걸어 라크스 헤드 매
   듭을 넣어 줍니다. 이때 줄 간격은 약
   1.5cm~2cm입니다.

   라크스 헤드 매듭 : 031쪽

2. 라크스 헤드 매듭에서 약 1.5cm~
   2cm 아래로 내려와 가로로 평매듭을
   넣어 줍니다.

   평매듭 : 038쪽

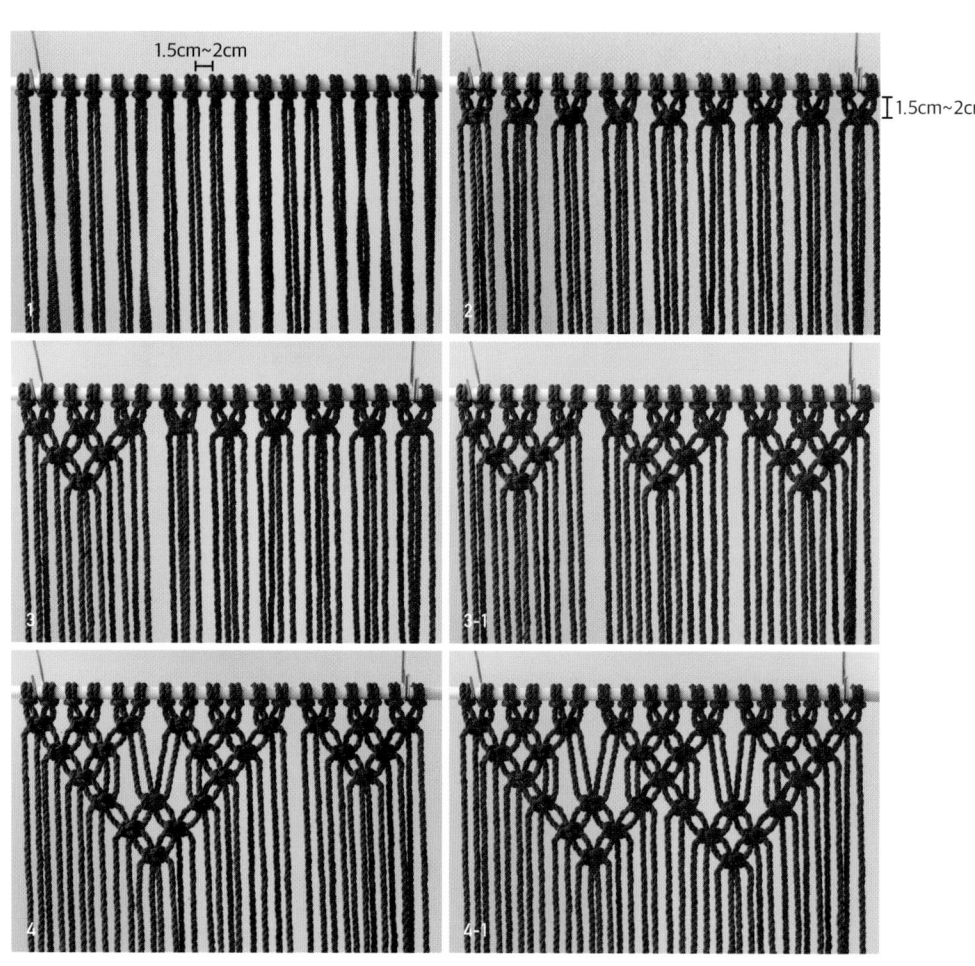

3. 9개의 평매듭을 3개씩 나누어 역삼각
   형 패턴을 만들어 줍니다. 크게 3줄
   기의 역삼각형 패턴이 만들어집니다.

   삼각형 패턴 : 071쪽

4. 역삼각형 패턴 아래에 교차 평매듭을
   넣어 역삼각형 패턴을 2개 더 만들어
   줍니다.

   교차 평매듭 : 040쪽

5. 이어서 아래에 역삼각형 패턴을 1개 더 만들어 줍니다. 전체적으로 큰 역삼각형 패턴이 됩니다.

6. 목봉에서 약 15cm 아래로 내려와 양 끝에 평매듭을 한 번 넣고, 교차 평매듭을 넣어 중심을 향해 사선으로 내려오도록 합니다.

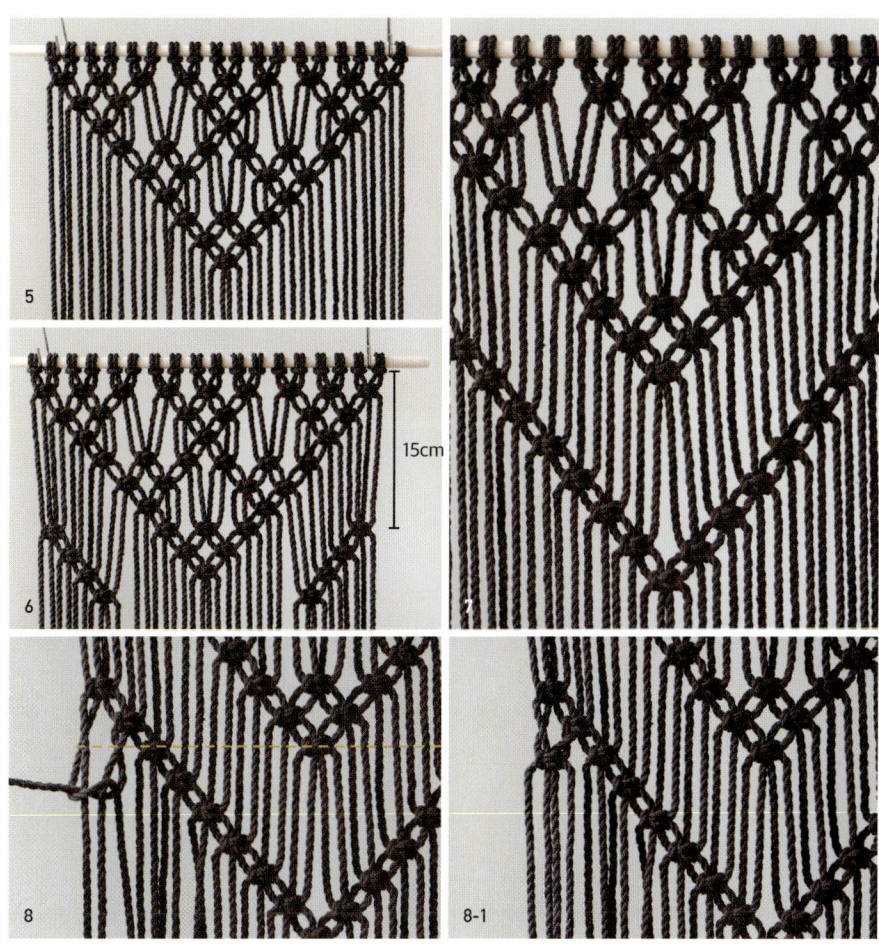

7. 큰 'V'자 패턴이 만들어질 때까지 계속해서 교차 평매듭을 넣습니다.

8. 6~7에서 만든 'V'자 패턴에서 3번째 매듭 높이에 맞춰 아래로 스위치 평매듭을 넣어 줍니다. 이때 매듭은 기울지 않고 평행으로 넣어 줍니다.

스위치 평매듭 : 042쪽

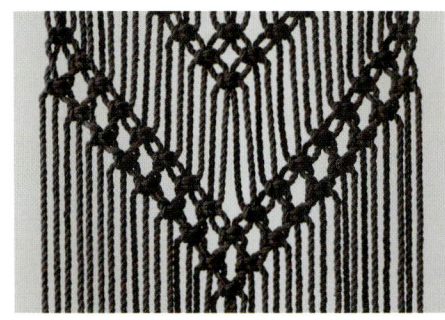

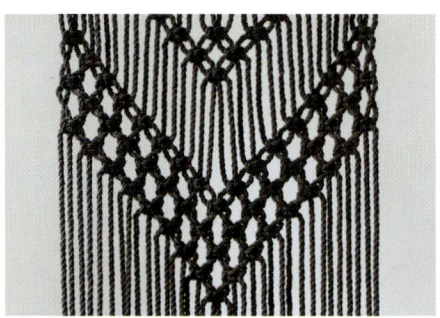

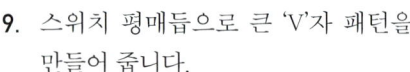

9. 스위치 평매듭으로 큰 'V'자 패턴을
   만들어 줍니다.

   🪷 **참고** 먼저 넣은 교차 평매듭의 위치와 맞
   춰 주세요.

10. 스위치 평매듭으로 'V'자 패턴을 1줄
    더 만들어 역삼각형 패턴 아래로 총
    3줄의 'V'자 패턴을 만들어 줍니다.

11. 10에서 약 7cm 내려와 'V' 자 패턴에
    맞추어 평매듭을 넣되, 각 평매듭 사
    이에 4줄씩 간격을 둡니다.

12. 원하는 모양으로 줄을 자르고 한매듭
    으로 마무리합니다.

    한매듭 : 030쪽

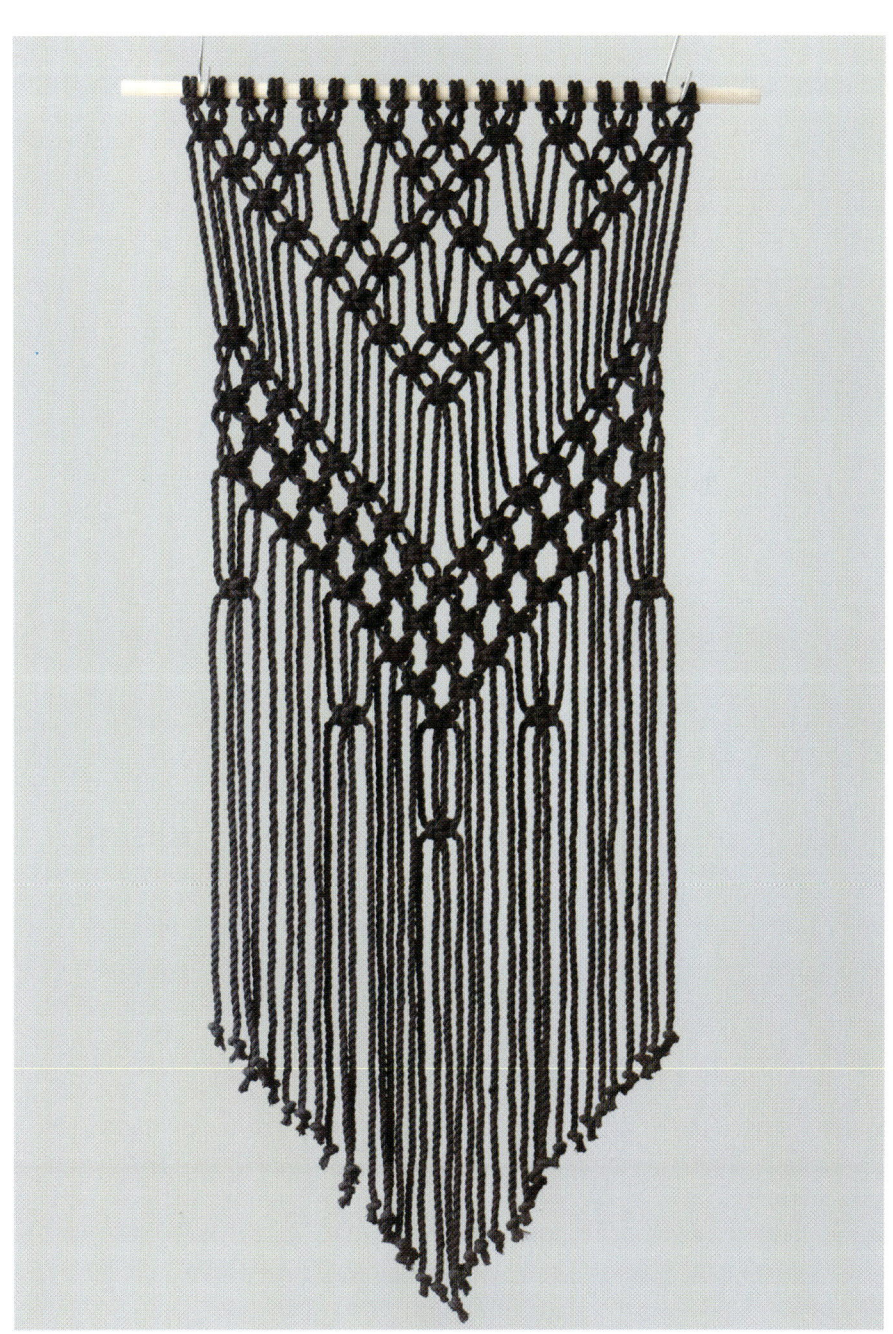

13. 완성된 모던 벽 장식입니다.

보헤미안 스타일의 벽 장식은 마크라메 벽 장식 중에서 가장 대표적인 디자인입니다. 레이어드 벽 장식(Layered wall hanging)은 단면이 아닌 층이 여러 겹으로 쌓인 것을 말합니다. 사선 감아매기 매듭으로 만드는 웨이브 패턴은 보헤미안 스타일에서 자주 사용되며, 레이어를 여러 겹 추가하면 풍성하고 완성도 있는 작품을 만들수 있습니다. 우드 비즈와 버블 매듭을 넣으면 좀 더 입체감 있는 분위기를 연출할 수 있습니다.

우든 장식이 돋보이는

보헤미안 스타일

레이어드 벽 장식
Bohemian layered wall hanging

Materials
- 푼사 또는 150합(5mm) 면 로프 97m~203m
- 가로 55cm 지름1.5cm 목봉 혹은 자연 나무
- 외경 2cm~2.5cm/내경 1cm 우드 비즈 최소 12개 이상

Knots
- 라크스 헤드 매듭
- 평매듭
- 교차 평매듭
- 사선 감아매기 매듭
- 버블 매듭
- 프린지
- 한매듭

Patterns
- 웨이브 패턴
- 다이아몬드 패턴

Preparation
- 450cm 줄 10개(앞면 웨이브 레이어)
- 220cm 줄 18개(뒷면 레이어)
- 60cm 줄 20~30개(프린지)

난이도 ●●●○○

뒷면 레이어 만들기

1. 목봉 중앙에 220cm 줄 2개를 목봉의 앞에서 뒤로 걸어 라크스 헤드 매듭을 넣어 줍니다. 이때 줄 사이 간격은 약 20cm입니다.

　　라크스 헤드 매듭 : 031쪽

2. 양쪽에서 줄을 가져와 목봉의 10cm 아래에 평매듭을 하나 넣습니다.

　　평매듭 : 038쪽

3. 양쪽 줄에 220cm 줄을 8개씩 뒤에서 앞으로 걸어 라크스 헤드 매듭을 넣어 줍니다.

　　✿ **참고** 2줄 중 1줄에만 넣어 줍니다.

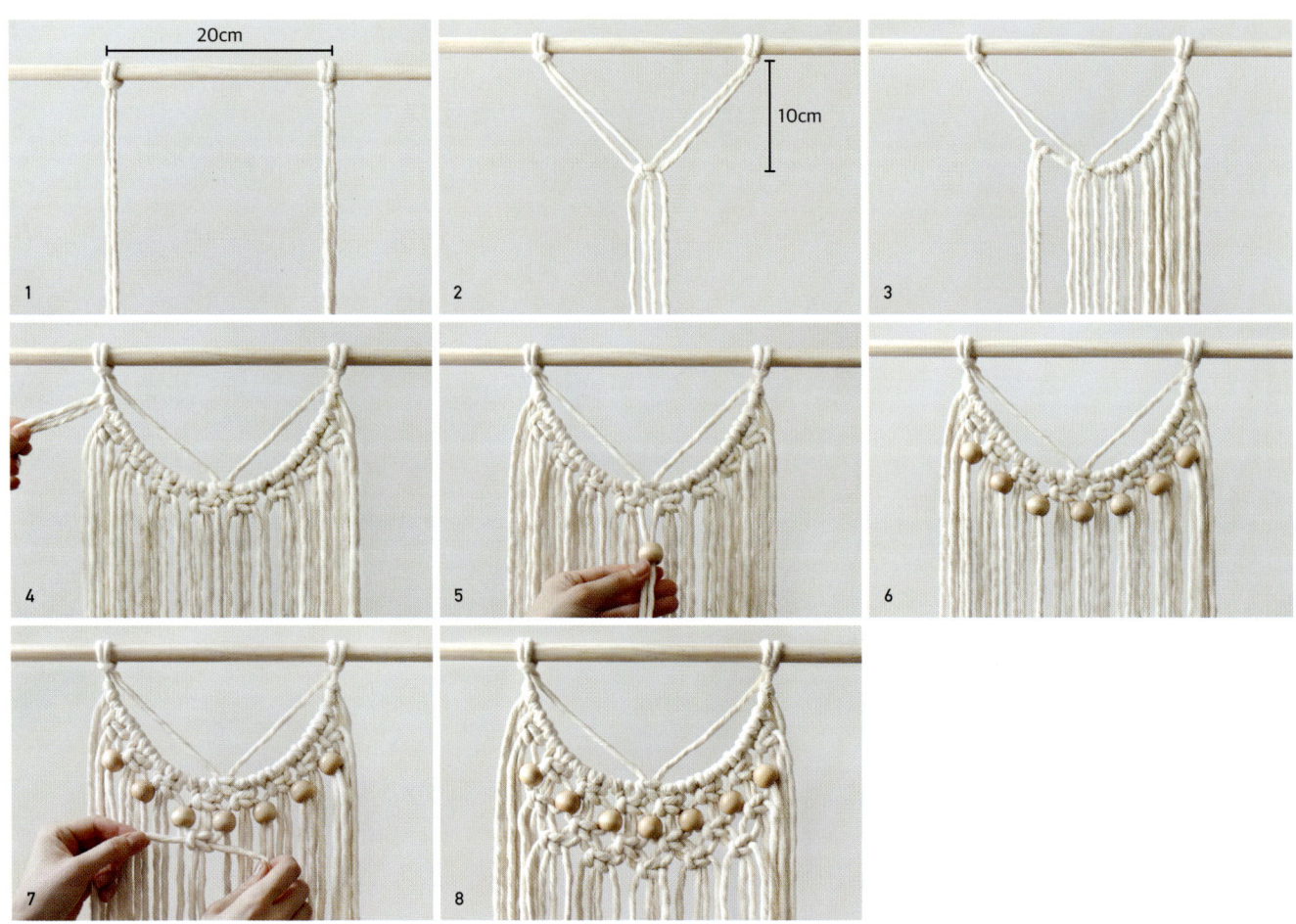

4. 양 끝에 2줄씩 남겨 두고 평매듭을 8개 넣어 1줄을 만들어 줍니다.

5. 가운데 평매듭에서 안쪽에 있는 엮는 줄을 하나씩 가져와 우드 비즈를 넣어 줍니다.

6. 5와 같은 방법으로 각 매듭에서 엮는 줄을 하나씩 가져와 우드 비즈를 넣어 줍니다.

7. 우드 비즈 아래로 평매듭을 넣어 비즈가 흘러내리지 않도록 고정합니다.

8. 평매듭을 총 6개 넣어 1줄을 만들고 그 아래로 교차 평매듭을 5개 넣어 1줄 더 만들어 줍니다. 뒷면 레이어가 완성됩니다. 이때 매듭 사이는 약 1cm 간격을 두어 조금 여유 있게 합니다.

　　교차 평매듭 : 044쪽

앞 면 레 이 어 만 들 기

9. 앞면 레이어를 만듭니다. 완성된 뒷면 레이어 양쪽으로 약 4cm~5cm 떨어져 450cm 줄 5개를 앞에서 뒤로 걸어 라크스 헤드 매듭을 넣어 줍니다.

10. 앞면 웨이브 패턴을 만들기 위해 가운데 2줄을 엇갈리게 기둥줄로 가져옵니다.

웨이브 패턴 : 074쪽

11. 사선 감아매기 매듭을 넣어 웨이브 패턴을 만들기 시작합니다.

사선 감아매기 매듭 : 046쪽

12. 가운데 2줄에 우드 비즈를 넣어 줍니다.

13. 양 끝 기둥줄로 사선 감아매기 매듭을 넣고 계속해서 웨이브 패턴을 만들어 줍니다.

14. 웨이브 패턴 가운데에 버블 매듭을 만들어 줍니다. 이때 마름모의 중심에 매듭의 위치를 잘 맞추어 줍니다.

버블 매듭 : 066쪽

15. 13의 과정을 반복해 완전한 웨이브 패턴을 완성합니다.

16. 11~15의 과정을 반복하여 양쪽으로 웨이브 패턴을 4.5개 만들어 줍니다.

✤ **참고** 이때 안쪽 a영역은 b영역보다 짧게 만들어 전체적으로 안으로 살짝 굽어지는 곡선 형태로 만들어 줍니다. 그래야 다음 과정에서 안쪽이 울지 않게 됩니다.

17. 양쪽 웨이브 패턴 레이어에서 2줄씩 가져와 평매듭을 넣어 서로 연결해 줍니다.

18. 17의 매듭에서 교차 평매듭을 3개씩 넣어 다이아몬드 패턴의 윗부분을 만들어 줍니다.

다이아몬드 패턴 : 072쪽

20. 큰 평매듭 아래로 교차 평매듭을 넣어 다이아몬드 패턴을 완성합니다.

✤ **참고** 패턴이 전체 벽 장식의 중심에 위치하도록 합니다.

19. 가운데에 있는 6줄을 기둥줄로 하고 1번째 줄과 6번째 줄 바로 옆에 있는 줄을 1줄씩 가져와 큰 평매듭을 만들어 줍니다.

21. 앞면과 뒷면 레이어에서 길게 남은 줄을 잘라 줍니다.

✤ **참고** 이 줄은 뒤에서 프린지로 이용해도 좋습니다.

22. 60cm 줄을 앞면 웨이브 패턴 레이어
의 바깥쪽 줄에 뒤에서 앞으로 걸어
라크스 헤드 매듭을 넣어 프린지를
만들어 줍니다.

프린지 : 077쪽

23. 프린지의 개수는 상관없으나 되도록 양쪽을 같은 개수로 넣어 줍니다.

24. 끝마무리는 취향에 맞게 우드 비즈를
넣거나 한매듭으로 마무리합니다.

한매듭 : 030쪽

25. 완성된 보헤미안 스타일 레이어드 벽 장식입니다.

🌸**참고** 시작할 때 유목을 이용하면 더욱 내추럴한 분위기를 만들 수 있습니다.

입체 매듭의 아름다움

클래식 샹들리에

Classic chandelier

상들리에는 공간 한편에 펜던트처럼 걸어 장식하거나 따로 전선을 넣어 조명 갓으로도 활용할 수 있습니다. 불이 켜지면 매듭이 만들어 내는 그림자도 정말 아름답습니다.

이번 프로젝트에서는 입체 구조물에 대한 이해와 서로 엮는 방법을 알아봅니다. 입체 작품을 만들 때는 매듭을 일정한 힘으로 넣어 매듭간의 간격과 길이를 최대한 동일하게 맞추는 것이 중요합니다. 매듭이 일정하게 들어가지 않으면 균형이 한쪽으로 치우칠 수 있으니 주의하세요.

Materials
• 90합(4mm) 면 로프 105m
• 금속 링 혹은 우드 링
　지름 5cm 1개
　지름 10cm 1개
　지름 23cm 1개
　지름 13cm 1개

Knots
• 라크스 헤드 매듭
• 가로 감아매기 매듭
• 평매듭
• 버블 매듭
• 좌우엮기 매듭
• 교차 평매듭

Preparation
• 170cm 줄 2개
• 300cm 줄 16개
• 150cm 줄 16개
• 90cm 줄 32개

난이도 ●●●●●

샹들리에 만들기

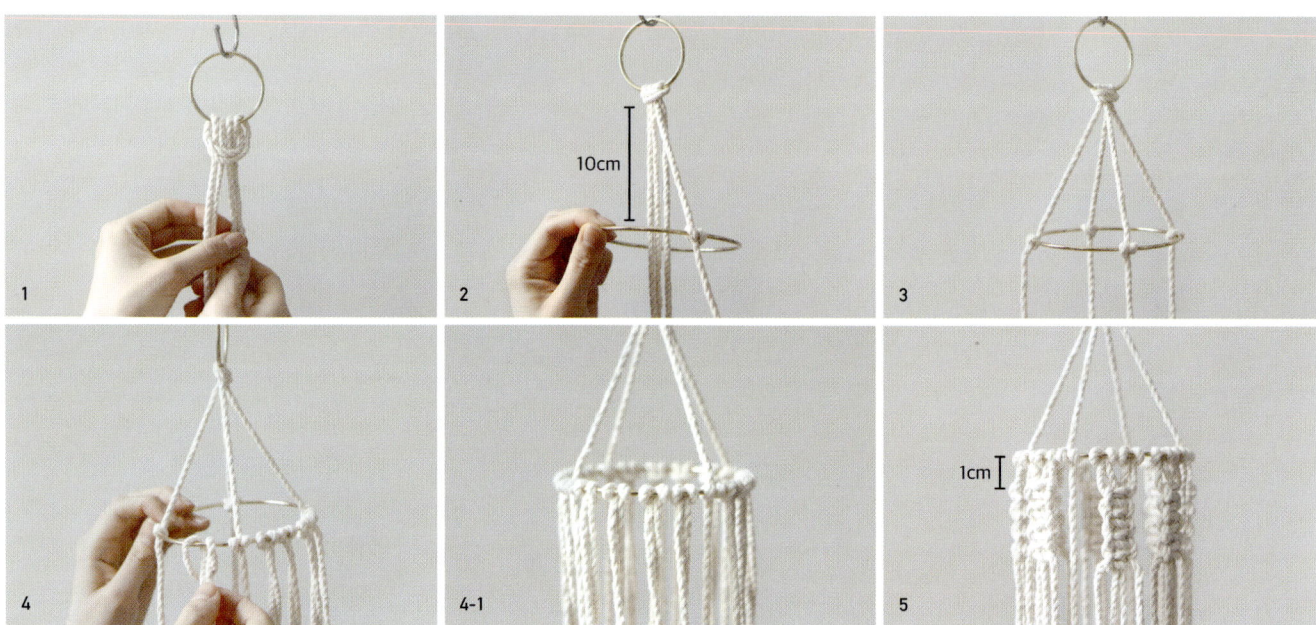

1. 지름이 5cm인 링에 170cm 줄 2개를 반으로 접고 앞에서 뒤로 걸어 한번에 라크스 헤드 매듭을 넣어 줍니다.

   라크스 헤드 매듭 : 031쪽

4. 3에서 나눠 놓은 4개의 영역에 300cm 줄을 4개씩 뒤에서 앞으로 걸어 라크스헤드 매듭을 넣어 줍니다.

2. 5cm 링에 걸린 4개의 줄을 지름이 10cm인 금속 링 안으로 넣어 줍니다. 1의 매듭에서 약 10cm 아래에 링을 위치시키고, 링을 기둥줄 삼아 가로 감아매기 매듭을 넣어 줍니다.

3. 같은 간격으로 가로 감아매기 매듭을 넣어 링과 연결시킵니다.

   가로 감아매기 매듭 : 048쪽

5. 링에서 1cm 정도 아래로 내려와 300cm 줄에 평매듭을 네 번 넣어 줍니다. 이때 1~2에서 작업한 170cm 줄은 엮지 않고 그대로 둡니다.

   평매듭 : 038쪽

6. 평매듭으로 버블 매듭을 만들어 줍니다.

   버블 매듭 : 066쪽

7. 버블 매듭에서 2cm 아래로 내려와 교차 평매듭을 넣은 뒤 아래로 평매듭을 2개 더 넣어 총 3개의 평매듭을 만들어 줍니다. 이때 170cm 줄 4개를 기둥줄에 함께 포함시킵니다. 같은 방법으로 나머지 부분도 매듭을 넣어 줍니다.

   교차 평매듭 : 040쪽

8. 7을 두 번 더 반복해 교차 평매듭과 평매듭으로 이루어진 면을 확장시킵니다.

9. 각각의 평매듭 아래에 있는 4개의 줄을 2줄씩 나눠 좌우엮기 매듭을 4번 넣어 줍니다. 이때 7에서 포함시킨 170cm 줄 4개는 엮지 않고 그대로 둡니다.

   좌우엮기 매듭 : 054쪽

   🏵️ **참고** 170cm 줄 4개는 뒤 샹들리에 안쪽 레이어를 연결할 때 사용합니다.

10. 좌우엮기 매듭에 교차 평매듭을 넣은 뒤, 아래로 평매듭을 각각 2개 더 넣어 총 3개의 평매듭을 만들어 줍니다. 같은 방법으로 다른 줄도 매듭을 넣어 확장해 주세요.

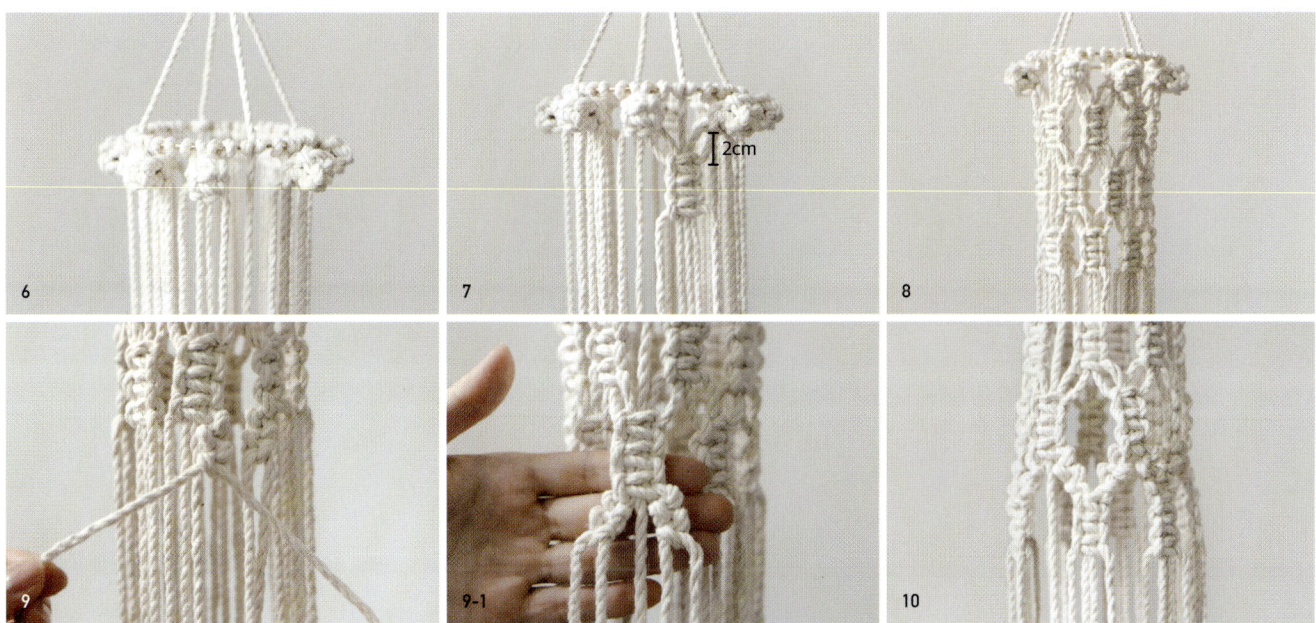

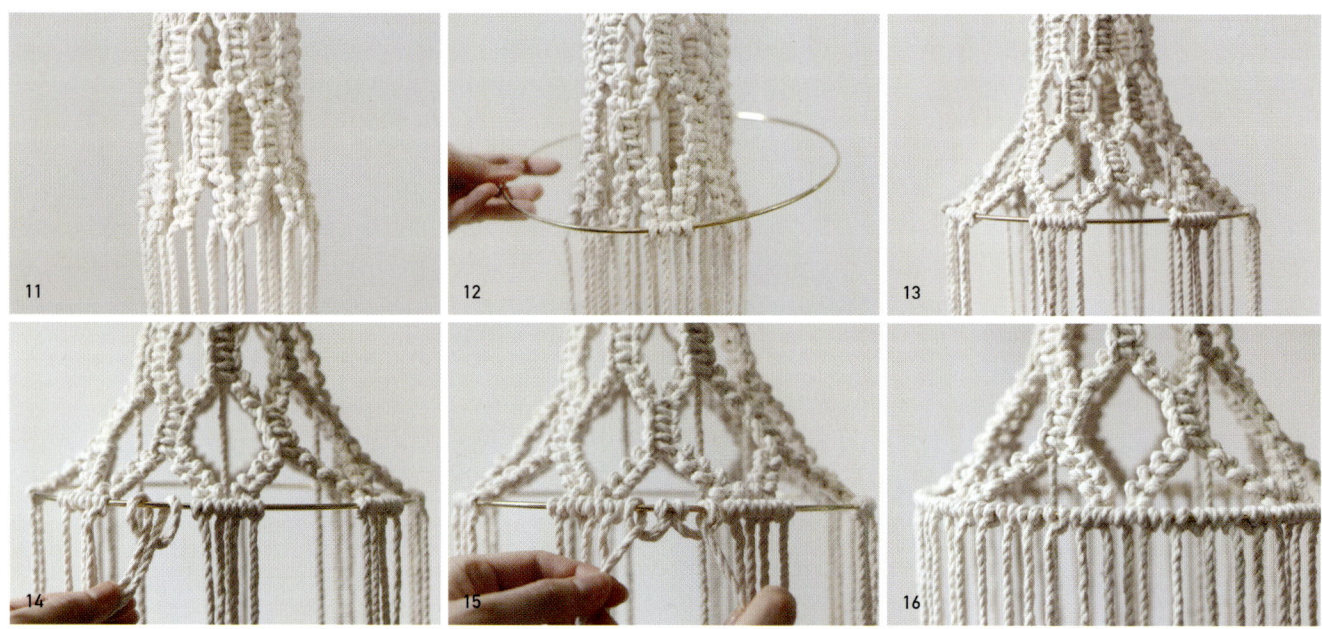

11. 평매듭 아래에 있는 4개의 줄을 2개
씩 나눠 좌우엮기 매듭을 각각 8번씩
넣어 줍니다.

　✦ **참고** 좌우엮기 매듭의 간격이 일정하도록
힘 조절을 균일하게 해 줍니다.

12. 지름이 23cm인 링 안으로 줄을 모두
넣고, 2와 같은 방법으로 링과 연결
시켜 줍니다.

　✦ **참고** 링을 기둥줄 삼아 가로 감아매기 매
듭을 균일하게 넣어 줍니다.

13. 매듭 간격을 일정하게 맞춥니다. 이
때 링의 어느 한쪽이 심하게 기울어
져 있지 않은지 멀리 떨어져 확인합
니다.

　✦ **참고** 어느 한쪽이 심하게 기울어진다면
링에 감아매기 매듭을 넣은 줄을 조금씩 늘
이거나 조여 기울기를 맞춥니다.

14. 8개로 나뉜 공간에 150cm 줄 1개를
뒤에서 앞으로 걸어 라크스 헤드 매
듭을 넣어 줍니다.

15. 14의 줄을 앞에서 뒤로 한 번씩 더 감
아 링 공간을 메꿔 줍니다.

16. 14~15와 같은 방법으로 한 공간에
줄을 2개씩 걸어 공간을 메꿔 줍니
다. 나머지 공간에 150cm 줄을 모두
링에 걸어 줍니다.

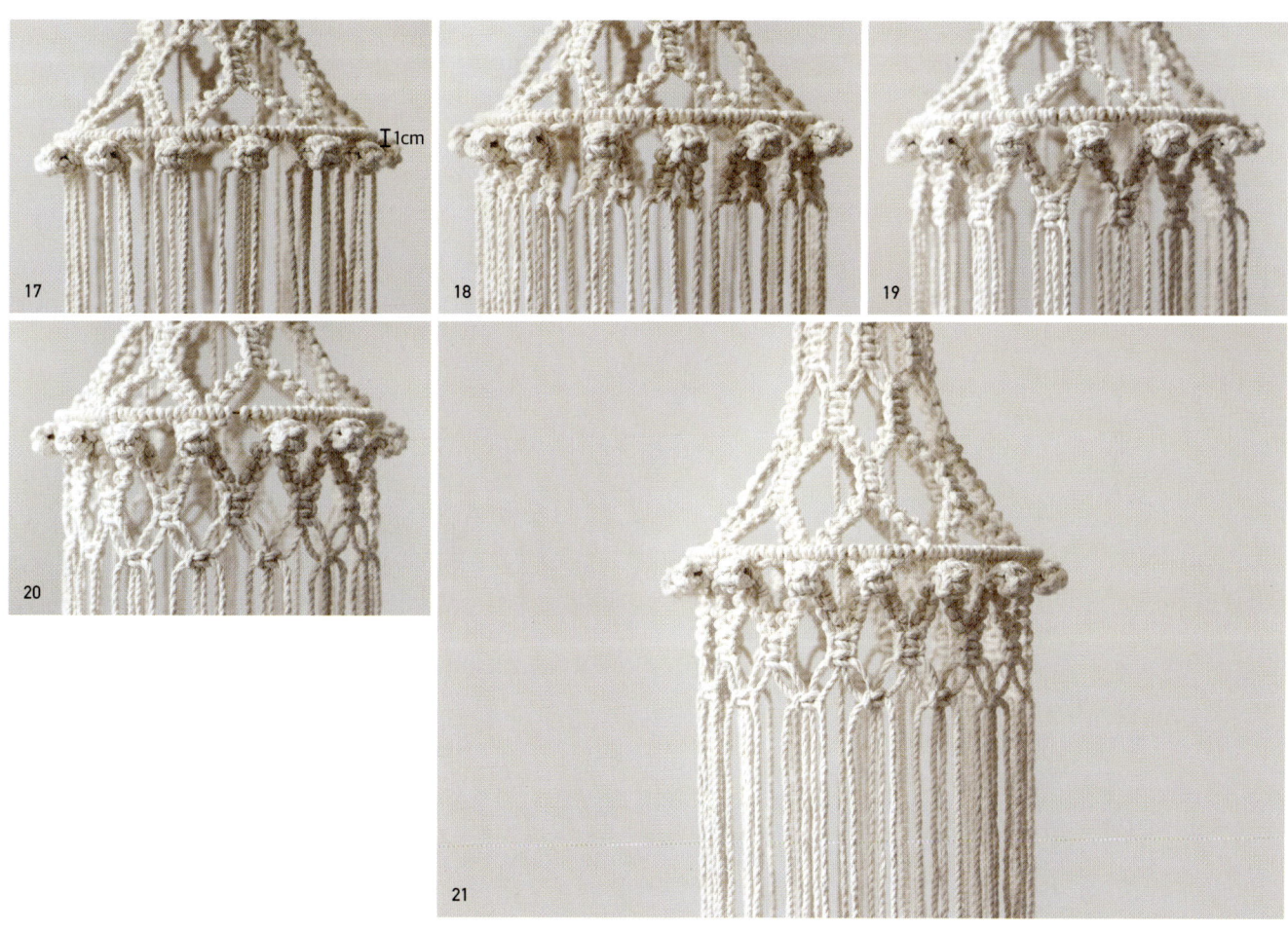

17. 링에서 1cm 아래에 버블 매듭을 넣어 줍니다.

20. 평매듭에서 2cm 아래로 내려와 교차 평매듭을 1번 넣어 줍니다.

18. 버블 매듭 아래에 있는 4개의 줄을 2개로 나눠 좌우엮기 매듭을 각각 6번 넣어 줍니다.

21. 샹들리에 겉면이 완성되었습니다.

19. 다시 교차 평매듭을 넣은 뒤, 아래로 평매듭을 1개 넣어 총 2개의 평매듭을 만들어 줍니다.

샹들리에
안쪽 레이어 만들기

22. 별도의 링으로 샹들리에 안쪽에 들어 가는 레이어를 만들어 보겠습니다. 90cm 줄 32개를 모두 13cm 링에 뒤 에서 앞으로 걸어 라크스 헤드 매듭 을 넣어 줍니다.

23. 약간의 공간을 두고 4개 그룹으로 8줄씩 나눠 줍니다.

24. 링을 샹들리에 겉면 안으로 넣고 9에서 남겨둔 170cm 줄 4개를 23에서 남겨 둔 공간에 가로 감아매기 매듭으로 연결합니다.

25. 링이 어느 한쪽으로 기울지 않도록 일정한 높이로 고정합니다.

26. 원하는 길이로 잘라 전체적인 모양을 다듬어 줍니다.

27. 완성된 클래식 샹들리에입니다.

28. 1~27의 과정으로 제작하되, 줄 길이 와 마무리 방법을 다르게 하면 새로 운 느낌으로 만들 수 있습니다.

❂ **참고** 응용 작품 줄 길이

1번에서 링에 거는
줄 2개의 길이 250cm

4번에서 10cm 링에
추가하는 줄의 길이 400cm

14번에서 추가하는
줄의 최대 길이 250cm

22번에서 만드는 안쪽 레이어에
사용하는 줄의 최대 길이 140cm

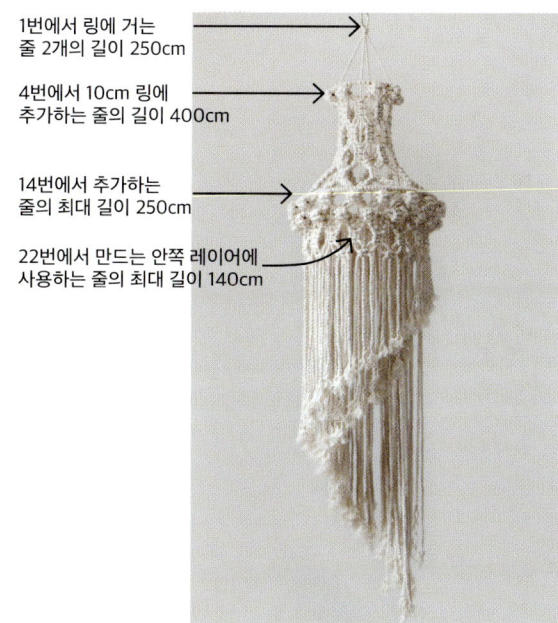

우아한 매듭이 멋스러운

모던 스타일

벽 장식 응용형

Modern wall hanging advanced

거실 소파 위나 침대 헤드 보드로 장식하기 좋은 크기가 큰 모던한 스타일의 벽 장식입니다. 사선 감아매기 매듭으로 큰 다이아몬드 패턴을 만들고, 가운데에 조금 난이도가 있는 조세핀 매듭을 넣어 우아한 벽 장식을 만듭니다. 각기 다른 패턴은 가로 감아매기 매듭으로 구분하는데, 이때 최대한 일정한 간격으로 감아매기 매듭을 넣어야 합니다. 마크라메 초보자는 큰 패턴을 일정한 간격으로 넣기 어려울 수 있으니 어느 정도 매듭을 익힌 다음 만들어 보세요.

Materials
- 150합(5mm) 면 로프 161m
- 가로 100cm 지름1.5cm 목봉 혹은 자연 나무

Knots
- 라크스 헤드 매듭
- 평돌기 매듭
- 한매듭
- 사선 감아매기 매듭
- 가로 감아매기 매듭
- 조세핀 매듭
- 교차 평매듭

Preparation
- 380cm 줄 40개
- 110cm 줄 8개(가로 감아매기 기둥줄)

난이도 ●●●●○

1. 목봉에 380cm 줄 40개를 반으로 접고 앞에서 뒤로 걸어 라크스 헤드 매듭을 넣습니다. 이때 줄 간격은 약 0.8cm로 합니다.

   라크스 헤드 매듭 : 031쪽

2. 아래로 평돌기 매듭을 6번 넣어 줍니다.

   평돌기 매듭 : 043쪽

3. 총 20개의 평돌기 매듭을 넣어 가로로 1줄이 되도록 합니다.

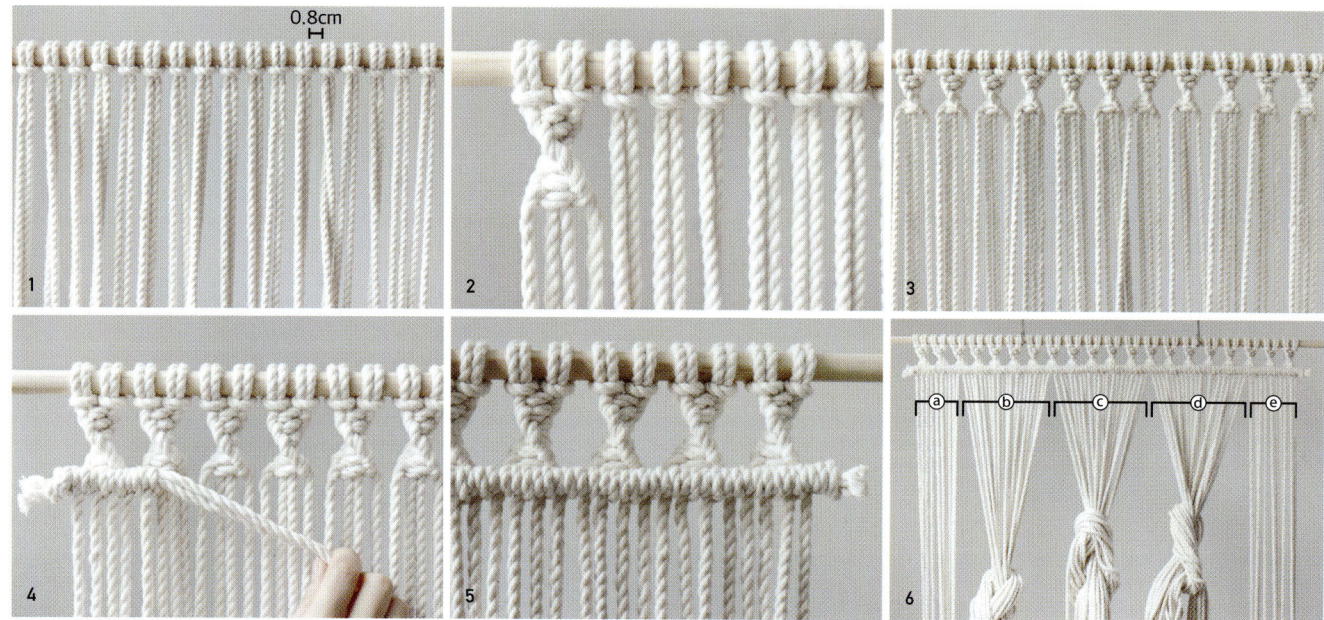

4. 110cm 줄 2개에 한매듭을 넣어 모아 준 다음, 가로 감아매기 매듭의 기둥줄로 이용합니다. 평돌기 매듭 아래로 가로 감아매기 매듭을 1줄 넣어 줍니다.

   한매듭 : 030쪽
   가로 감아매기 매듭 : 048쪽

5. 한매듭을 넣어 가로 감아매기 매듭을 마무리합니다. 남은 줄은 짧게 잘라 줍니다.

6. 사진에 표기된 것과 같이 줄 수를 맞춰 5개의 그룹으로 나눠 줍니다.

   ⓐ 10줄 ⓑ 20줄 ⓒ 20줄
   ⓓ 20줄 ⓔ 10줄

7. ⓑ 영역의 가운데에 있는 2개의 줄을 엇갈리게 가져와 왼쪽 아래로 내려가는 사선 감아매기 매듭을 10번 넣어 줍니다.

🔖 **참고** 보헤미안 레이어드 벽 장식 앞면 레이어 10, 11번 : 113쪽
사선 감아매기 매듭 : 046쪽

8. 반대 방향으로 사선 감아매기 매듭을 9번 넣어 줍니다.

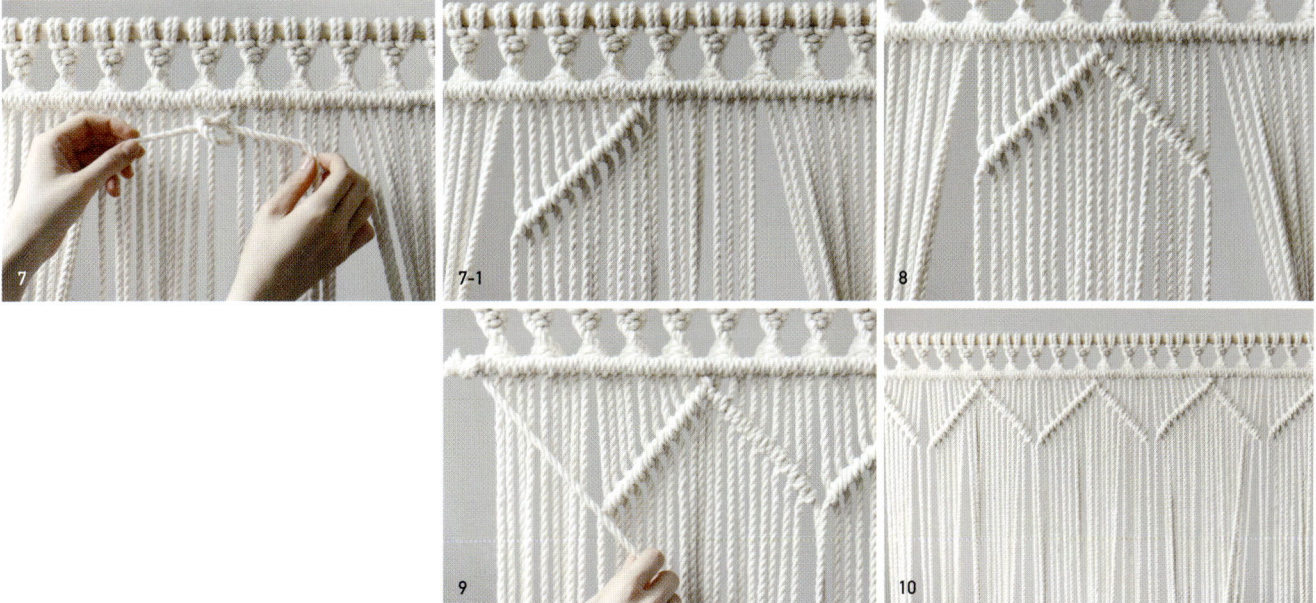

9. ⓐ 영역의 첫 번째 줄을 기둥줄로 가져와 오른쪽 아래 방향으로 사선 감아매기 매듭을 넣습니다.

10. ⓒ, ⓓ, ⓔ도 동일한 방법으로 사선 감아매기 매듭을 넣어 줍니다.

11. ⓑ, ⓒ, ⓓ의 가운데 있는 줄을 양쪽으로 3개씩 잡고 조세핀 매듭을 넣어 줍니다. 이때 사선 감아매기 매듭과 조세핀 매듭의 중심을 잘 맞춰 주세요.

조세핀 매듭 : 060쪽

14. ⓐ, ⓑ, ⓒ, ⓓ, ⓔ 모두 사선 감아매기 매듭을 넣고, 매듭의 끝은 오른쪽 사선 방향으로 닫아 줍니다.

12. 조세핀 매듭 아래에 사선 감아매기 매듭을 넣기 위해 감아매기 매듭의 기둥줄을 사선 방향으로 뻗어 방향을 정합니다.

15. 4~5와 같은 방법으로 가로 감아매기 매듭을 1줄 넣어 줍니다.

🏵 **참고** 가로 감아매기 매듭은 최대한 평행하게 넣어 줍니다.

13. 왼쪽 아래로 사선 감아매기 매듭을 넣고, 반대편도 사선 감아매기 매듭을 넣어 줍니다.

16. 2~5와 같은 방법으로 평돌기 매듭 1줄, 가로 감아매기 매듭 1줄을 넣어 줍니다.

2cm

17

18

17. 가로 감아매기 매듭 아래에 교차 평매듭을 5줄 넣어 줍니다. 이때 매듭 간의 간격은 약 2cm로 합니다. 그런 다음 4, 5와 같은 방법으로 가로 감아매기 매듭을 1줄 넣어 줍니다.

교차 평매듭 : 040쪽

19

18. 남은 줄을 원하는 길이로 잘라 마무리합니다.

19. 완성된 모던 벽 장식 응용형입니다.

부
와
지
혜
를
부
르
는
꽃
눈

부엉이 장식

Owl

부엉이 장식은 부와 지혜를 부른다고 하여 사람들이 선호하는 장식품입니다. 좋은 의미를 담고 있는 만큼 정성 담아 만들어 소중한 사람들에게 선물해 보세요.
부엉이 장식은 라크스 헤드 매듭으로 만드는 꽃 모양의 눈과 평매듭으로 만드는 둥근 귀가 예쁜 디자인입니다.

Materials
• 브레이드 컬러 로프 또는 120합(4.5mm) 면 로프 53m
• 가로 25cm 지름1cm 목봉 혹은 자연 나무
• 가로 15cm~20cm 지름1cm 목봉 혹은 자연 나무
• 외경 5cm~6cm/내경 4cm~5cm 우드 링 2개
• 외경 2cm~2.5cm/내경 1cm 우드 비즈 1개

Knots
• 라크스 헤드 매듭
• 평매듭
• 버블 매듭
• 라크스 헤드 매듭
• 세로 라크스 헤드 매듭
• 가로 감아매기 매듭
• 사선 감아매기 매듭
• 세줄땋기 매듭
• 교차 평매듭
• 랩핑 매듭

Preparation
• 300cm 줄 8개
• 250cm 줄 6개
• 270cm 줄 2개(세로 라크스 헤드 매듭)
• 160cm 줄 4개
• 90cm 줄 2개(랩핑 매듭)

난이도 ●●●●○

Owl

1. 가로 25cm 목봉에 300cm 줄 4개를 반으로 접어 양쪽에 걸쳐 놓습니다.

2. 걸쳐 놓은 상태로 앞면에 평매듭을 넣어 줍니다.

   평매듭 : 038쪽

3. 양쪽으로 평매듭을 4번 넣어 줍니다.

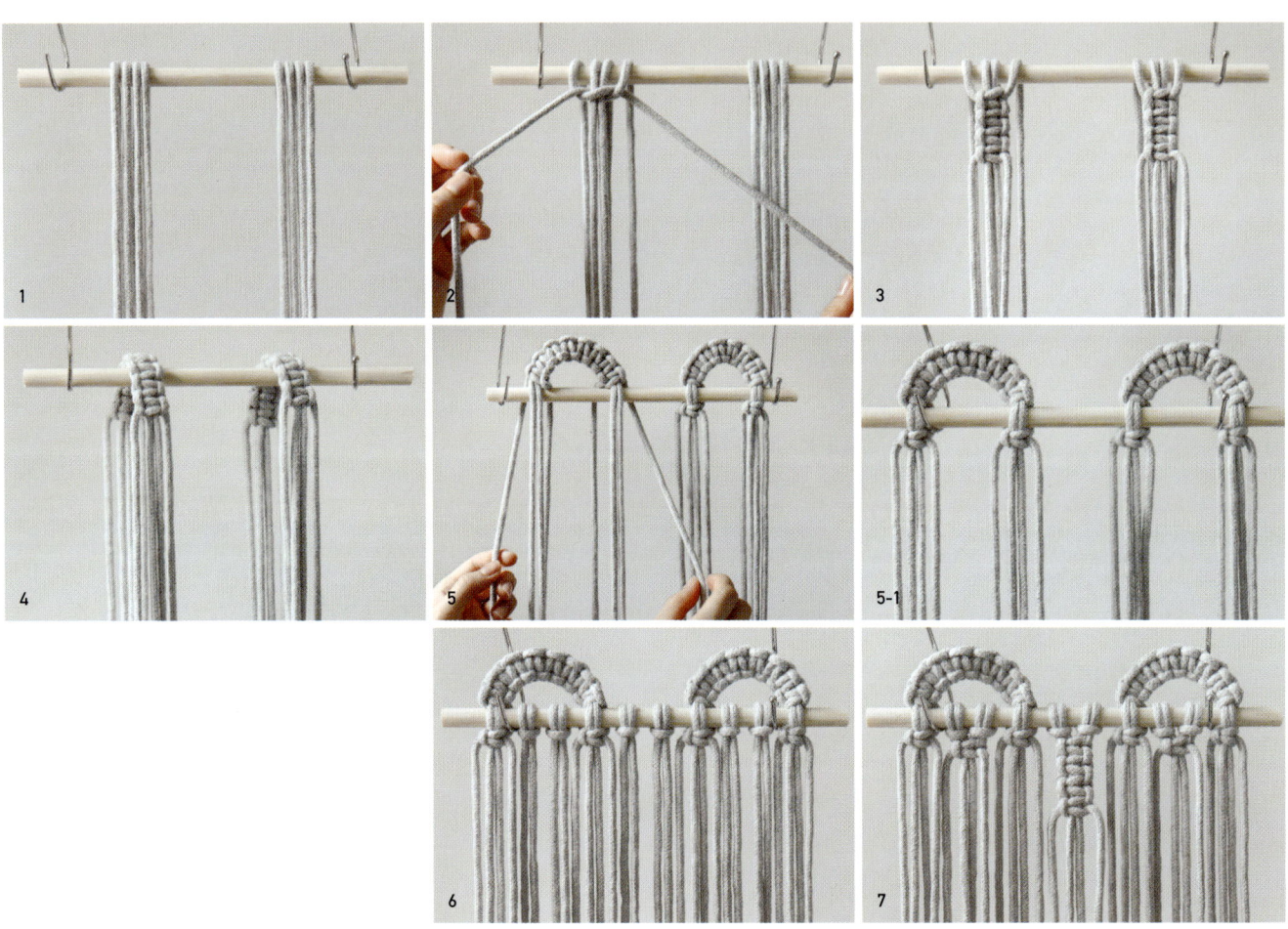

4. 목봉을 뒤로 돌려 뒷면에도 평매듭을 이어서 4번 넣어 줍니다. 양쪽 모두 평매듭이 각각 8개씩 만들어집니다.

5. 매듭을 옆으로 돌려 반달 모양으로 만들어 주고 기둥줄 2개는 앞으로, 엮는줄 2개는 목봉의 뒤로 놓습니다. 4개의 줄로 각각 평매듭을 넣어 목봉에 단단하게 고정시킵니다. 부엉이 귀 모양을 완성합니다.

6. 250cm 줄을 빈 공간에 2줄씩 앞에서 뒤로 걸어 라크스 헤드 매듭을 넣어 줍니다. 총 6개의 줄을 추가합니다.

   라크스 헤드 매듭 : 031쪽

7. 새로 추가한 250cm 줄에 평매듭을 넣어 줍니다. 가운데 줄은 평매듭을 4번 넣어 줍니다.

8. 7에서 만든 양쪽 평매듭은 버블 매듭을 만들어 부엉이 눈을 만듭니다.

버블 매듭 : 066쪽

✤ 참고 평매듭과 버블 매듭의 간격은 약 1cm가 되도록 합니다.

9. 가운데에 있는 평매듭 기둥줄에 우드 비즈를 넣습니다. 그런 다음 비즈에서 나온 줄을 기둥줄로 삼아 가로 감아매기 매듭을 양쪽으로 넣어 줍니다.

가로 감아매기 매듭 : 048쪽

✤ 참고 우드 비즈는 부엉이의 코가 됩니다.

10. 가로 감아매기 매듭 아래 양쪽 끝에 있는 6줄을 3등분하여 세줄땋기 매듭을 20~25cm 정도 넣고, 한매듭으로 고정합니다.

세줄땋기 매듭 : 062쪽
한매듭 : 030쪽

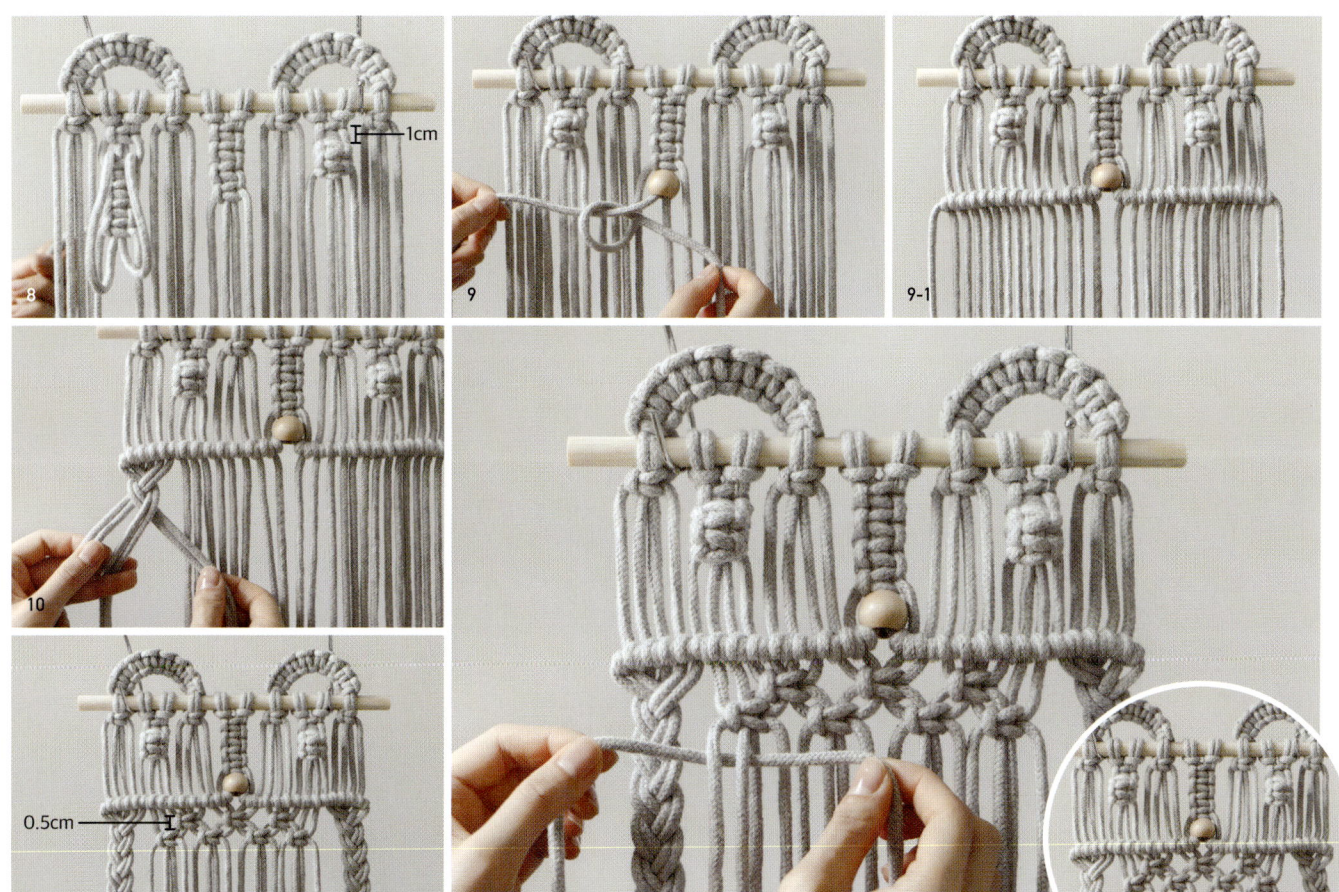

11. 세줄땋기 매듭을 제외한 나머지 줄에 평매듭 3개를 넣어 주고, 다시 교차 평매듭을 4개 더 넣어 줍니다. 이때 매듭간의 간격은 약 0.5cm로 약간 여유 있게 해 줍니다.

교차 평매듭 : 040쪽

12. 160cm 줄의 중간을 왼쪽 끝에 있는 2개의 줄 뒤로 가져가 평매듭을 넣어 줄을 추가합니다. 오른쪽 끝도 같은 방법으로 160cm 줄을 추가합니다.

13. 12의 안쪽으로 교차 평매듭을 3개 넣어 주고, 그 아래 양 끝에 12와 같은 방법으로 160cm 줄을 양쪽으로 추가하고 안쪽에 교차 평매듭을 넣어 교차 평매듭 1줄을 만들어 줍니다. 그 아래로 평매듭을 1줄 더 추가합니다.

14. 아래에 교차 평매듭을 1줄 넣고, 그 아래로 평매듭을 1줄 더 넣어 줍니다. 이 과정을 한 번 더 반복합니다.

15. 평매듭 아래로 교차 평매듭 5개 1줄, 4개 1줄, 3개 1줄을 차례로 넣어 부엉이의 몸통을 완성합니다.

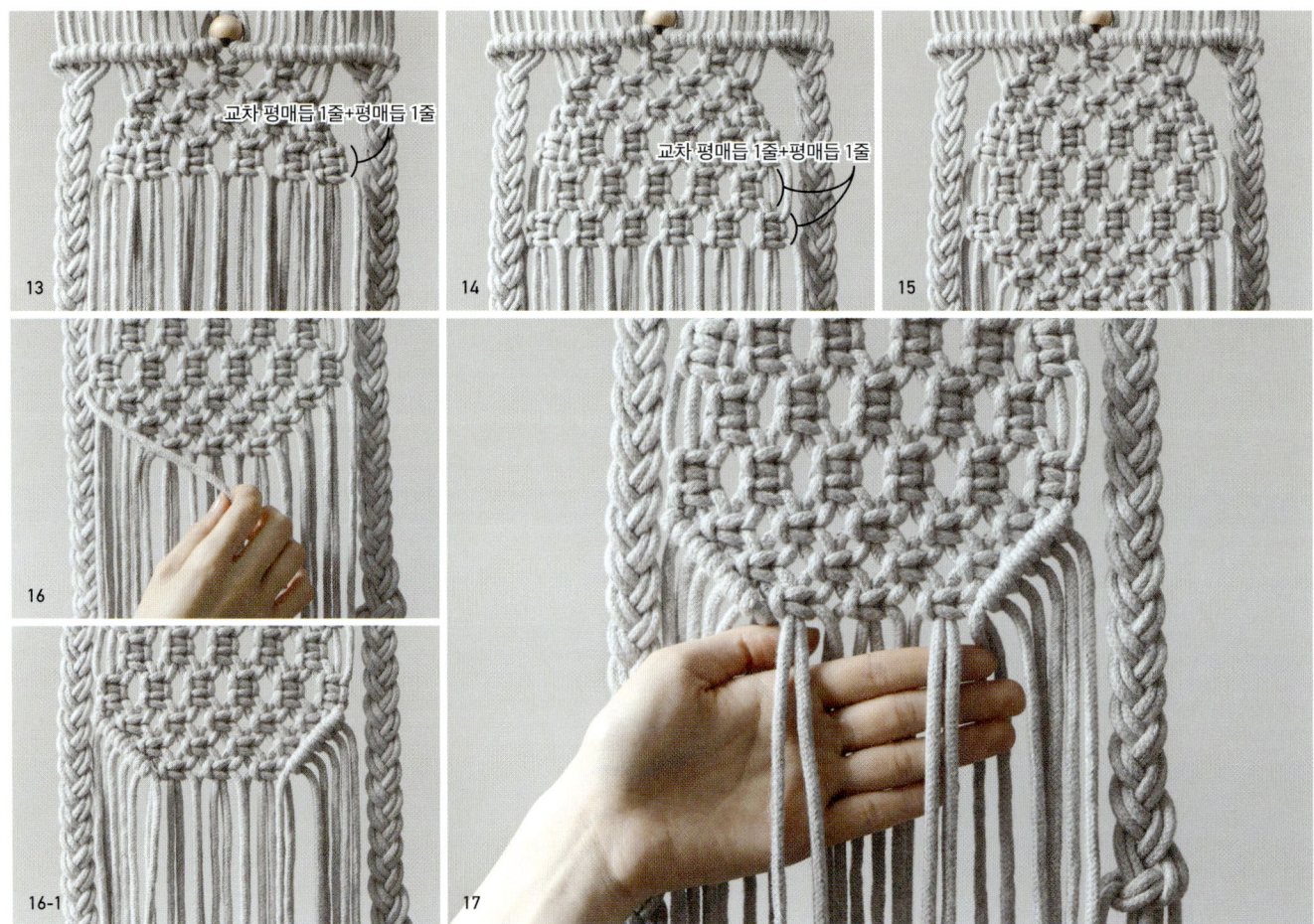

16. 몸통의 왼쪽 끝에 있는 줄을 기둥줄로 가져와 아래로 내려가는 사선 감아매기 매듭을 5번 넣어 줍니다. 오른쪽도 같은 방법으로 왼쪽으로 내려가는 사선 감아매기 매듭을 5번 넣어 줍니다.

사선 감아매기 매듭 : 046쪽

17. 사선 감아매기 매듭 옆에 있는 평매듭 기둥줄 2개를 부엉이의 발을 만드는 데 사용합니다.

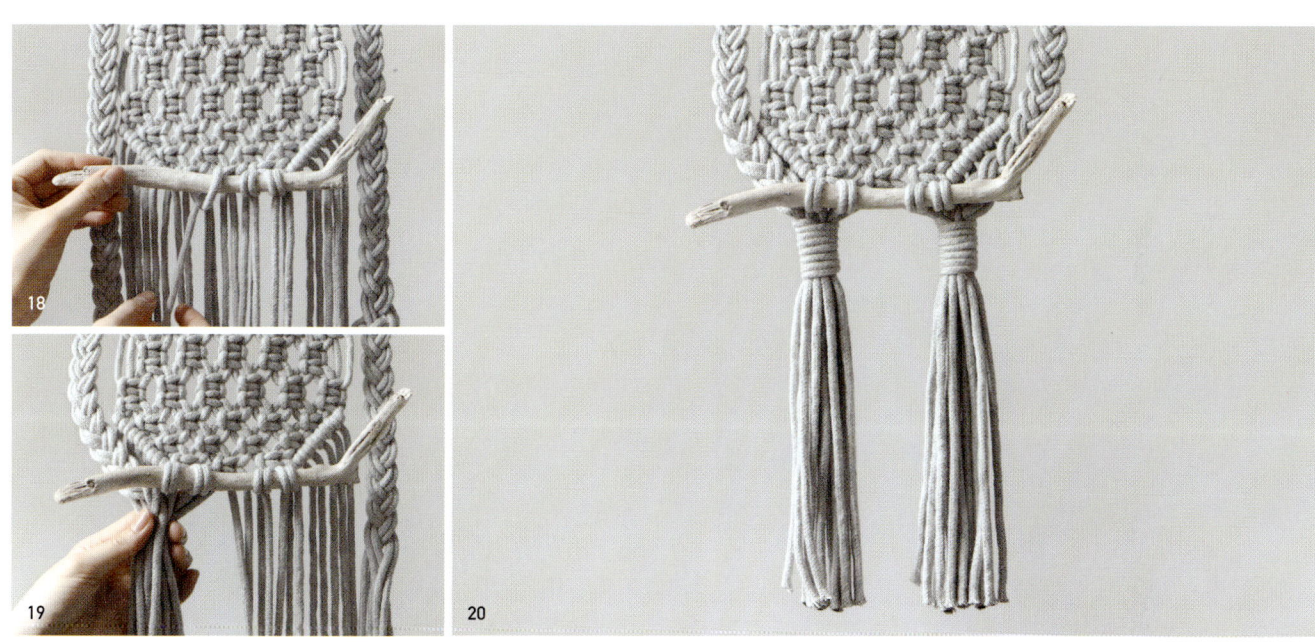

18. 나뭇가지 위에 부엉이가 앉아 있는 모습을 연출합니다. 나뭇가지를 적당한 위치에 놓고 4개의 줄로 가로 감아매기 매듭을 넣어 고정합니다.

19. 길게 늘어진 줄을 반으로 나누어 한 묶음만 잡습니다. 90cm로 자른 줄을 준비해 10에서 만든 세줄땋기 매듭을 함께 잡고 랩핑 매듭을 넣어 줍니다. 나머지도 함께 잡아 랩핑 매듭을 넣습니다.

랩핑 매듭 : 036쪽

✿ **참고** 10에서 매듭 고정용으로 넣은 한매듭은 이때 풀어 줍니다.

20. 적당한 길이로 잘라 다듬어 줍니다.

꽃 눈 만들기

21. 우드 링에 270cm로 자른 줄을 앞에서 뒤로 걸어 라크스 헤드 매듭을 넣어 줍니다. 이때 줄 길이는 왼쪽은 짧게 오른쪽을 길게 합니다. 긴 줄로 오른쪽으로 이동하며 반복해서 세로 라크스 헤드 매듭을 넣고, 매듭과 매듭 사이에 줄을 길게 빼내어 꽃 잎 모양을 만들어 줍니다.

세로 라크스 헤드 매듭 : 033쪽

22. 21와 같은 방법으로 꽃 눈을 1개 더 만 들어 줍니다. 여기에서는 세로 라크스 헤드 매듭을 13개씩 넣었습니다.

23. 뒤로 돌려 남은 줄은 짧게 잘라 글루 건이나 접착제로 붙여 줍니다.

24. 꽃 눈을 글루건이나 접착제로 얼굴에 고정시켜 부엉이 장식을 완성합니다.

25. 로프나 줄 색상에 변화를 주면 다양한 디자인을 만들 수 있습니다.

🪷 **참고** 오른쪽 부엉이 눈은 프린지로 만들어 줄 끝을 빗으로 빗어 주었습니다.

나비와 나뭇잎, 물고기뼈 패턴이 살아 있는

자연을 담은 커튼 *Curtain*

자연을 닮은 패턴이 있는 마크라메 커튼으로 가로120cm, 세로 180cm로 크기가 큰 작품입니다. 이번에는 평매듭을 응용한 물고기뼈(Fishbone) 패턴과 감아매기 매듭으로 나비와 나뭇잎 패턴을 만들어 봅니다. 마크라메 커튼은 심화 작품이지만, 패턴은 어렵지 않으니 차근차근 작업하다 보면 초보자도 따라 할 수 있습니다. 하지만 되도록 기본적인 작품을 만들면서 매듭을 익힌 이후에 만들어 볼 것을 추천합니다.

창이나 문에 걸어도 좋지만 웨딩 아치나 파티 소품으로 활용해도 좋습니다. 패턴은 좌우 대칭이 잘 맞도록 만들어 줍니다.

Materials
• 150합(5mm) 면 로프 323m
• 가로 150cm 지름2cm 목봉 혹은 커튼봉

Knots
• 라크스 헤드 매듭
• 평매듭
• 한매듭
• 교차 평매듭
• 사선 감아매기 매듭
• 가로 감아매기 매듭
• 코일 매듭

Patterns
• 물고기뼈 패턴
• 다이아몬드 패턴

Preparation
• 550cm 줄 32개(양쪽으로 길게 내려온 줄)
• 450cm 줄 32개(중앙부분)
• 150cm 줄 2개(감아매기 기둥줄)

난이도 ●●●●●

커튼 시작하기

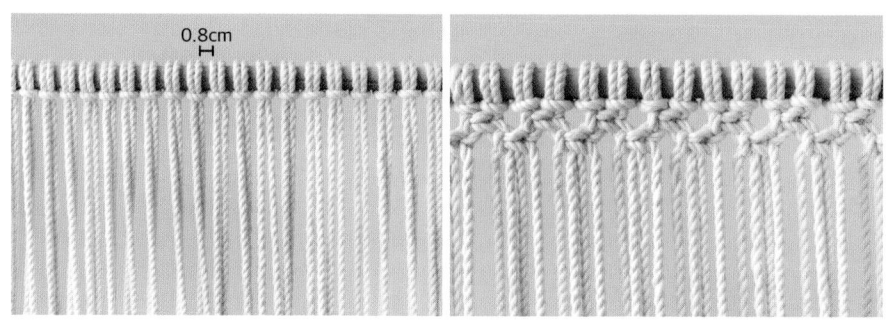

1. 왼쪽부터 550cm 줄 16개, 450cm 줄 32개, 550cm 줄 16개를 반으로 접고 목봉 앞에서 뒤로 걸어 라크스 헤드 매듭을 넣어 줍니다. 이때 줄 간격은 약 0.8cm입니다.

   라크스 헤드 매듭 : 031쪽

2. 교차 평매듭을 가로로 2줄 만들어 줍니다.

   교차 평매듭 : 040쪽

3. 150cm 줄 2개에 한매듭을 넣어 모아 준 다음, 가로 감아매기 매듭의 기둥줄로 이용합니다. 평매듭 아래로 가로 감아매기 매듭을 넣어 1줄을 만들어 줍니다.

   한매듭 : 030쪽
   가로 감아매기 매듭 : 048쪽

4. 가로 감아매기 매듭 아래 가운데에 (63-66줄) 평매듭을 한 번 넣어 줍니다. 여기에서 양쪽으로 10줄 간격을 두고 평매듭을 한 번씩 넣어 줍니다. 총 9개 평매듭이 만들어지고 좌우 양쪽 끝에는 6줄이 남습니다.

   평매듭 : 038쪽

**물고기뼈
패턴 만들기**

5. 9개의 평매듭 아래로 평매듭을 4번씩 더하면서 물고기뼈 패턴을 만들어 줍니다. 이때 물고기뼈 패턴 사이로 2줄씩 남겨 둡니다.

물고기뼈 패턴 : 073쪽

6. 남겨진 2줄을 기둥줄로 두고 양옆에서 1줄씩 엮는줄로 가져와 평매듭을 5번 넣어 물고기뼈 패턴을 만들어 줍니다. 여기서 만든 첫 매듭 높이는 5에서 만든 마지막 매듭의 높이와 같습니다.

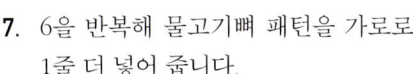

7. 6을 반복해 물고기뼈 패턴을 가로로 1줄 더 넣어 줍니다.

8. 이때 양쪽 끝부분은 평매듭을 4번 넣어 물고기뼈 패턴을 1/2개 만들어 줍니다.

9. 6~7 과정을 반복하여 총 3줄의 물고기뼈 패턴을 만들어 줍니다.

V 패턴 만들기

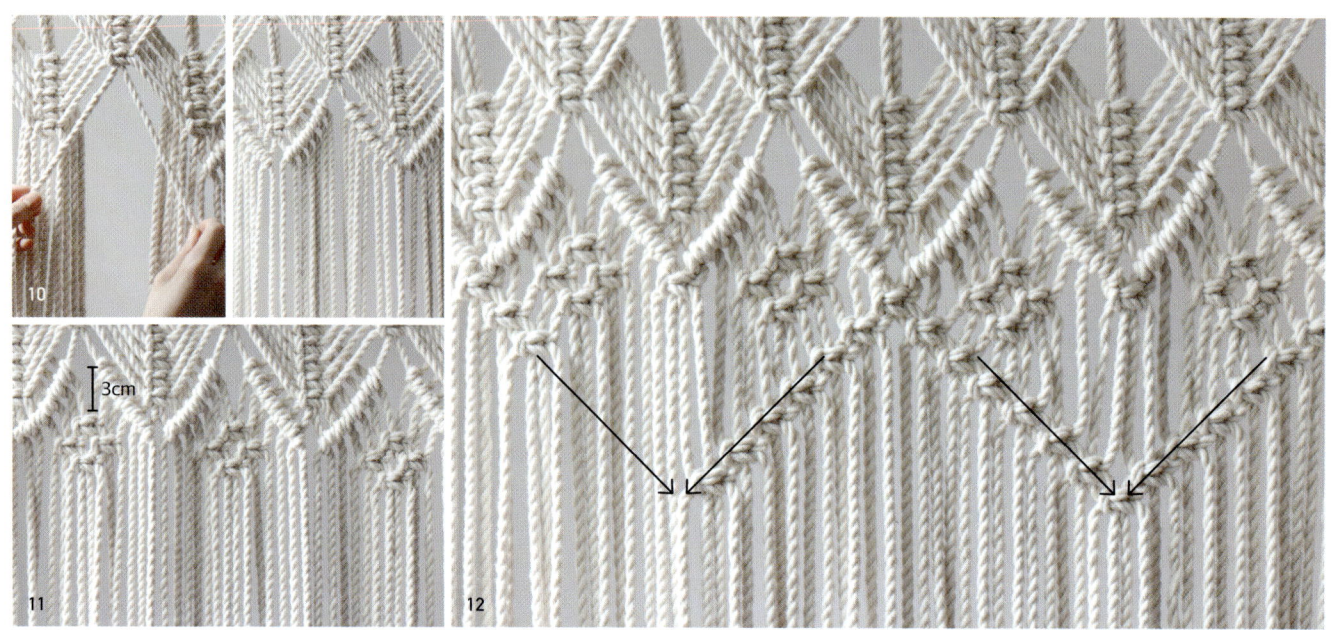

3cm

10. 2번째 물고기뼈 패턴 사이에 남은 2 줄을 기둥줄 삼아 사선 감아매기 매 듭을 각각 6번씩 넣어 줍니다.

　　사선 감아매기 매듭 : 046쪽

11. 사선 감아매기 매듭에서 약 3cm 아 래로 내려온 다음, 가운데 있는 8개 의 줄로 다이아몬드 패턴을 넣어 줍 니다.

　　다이아몬드 패턴 : 072쪽

12. 감아매기 매듭으로 만들어진 'V' 모 양의 꼭짓점에 평매듭을 한 번씩 넣 어 줍니다. 가운데에 있는 평매듭에 서 사선 방향으로 내려가도록 교차 평매듭을 넣어 'V' 패턴을 만들어 줍 니다. 총 4개의 'V' 패턴이 만들어집 니다.

나 비 패턴 만 들 기

13. 왼쪽 첫 번째 'V' 패턴 아래에 나비 패턴을 만들겠습니다. 왼쪽을 기준으로 10번, 35번 줄을 기둥줄로 삼아 가운데로 내려오도록 사선 감아매기를 12번씩 넣어 줍 니다. 이때 윗부분이 약간 볼록한 곡선이 되도록 나비의 날개 모양을 만듭니다.

14. 윗날개 양쪽 끝줄을 기둥줄 삼아 사 선 감아매기 매듭을 1줄 더 넣어 줍 니다.

15. 양쪽 윗날개에서 가운데 5줄로 평매듭을 한 번 넣어 줍니다. 이때, 가운데 3줄을 기둥줄로 사용합니다.

❀**참고** 평매듭을 넣을 때 날개 모양에 맞추어 약간 기울어지게 해 주세요.

16. 윗날개 양 끝줄을 기둥줄 삼아 아래로 사선 감아매기 매듭을 11번 넣어 날개 모양을 만들어 줍니다. 이때, 날개 모양이 아래로 볼록하게 해 주세요.

17. 가운데로 모인 4개의 줄로 평매듭을 1번 넣어 줍니다.

20. 15와 같은 방법으로 아래 날개 가운데 5줄로 약간 기울어지게 평매듭을 넣어 줍니다.

18. 평매듭의 왼쪽 엮는줄을 기둥줄로 가져와 왼쪽 아래로 사선 감아매기 매듭을 9번 넣어 줍니다.

21. 18의 평매듭 기둥줄로 사선 감아매기 매듭을 10번 넣어 아래 날개 모양을 완성해 줍니다. 이때 아래로 볼록하게 나비의 날개 모양이 완성되도록 패턴을 만들어 주세요. 나비 모양 패턴이 완성됩니다.

19. 평매듭의 오른쪽 줄을 기둥줄로 가져와 반대편 아래 날개 모양도 만들어 줍니다.

나뭇잎 패턴 만들기

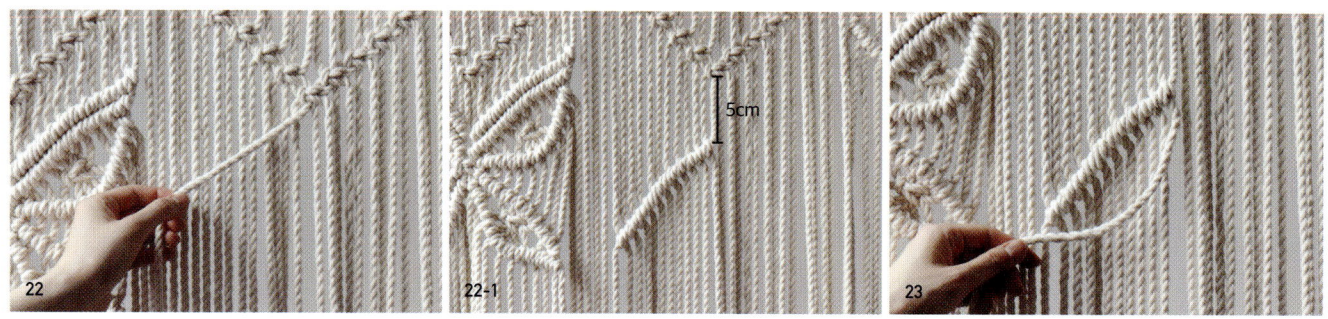

22. 왼쪽 끝에서 50번 줄을 기둥줄로 삼아 5cm 아래로 내려와 왼쪽 아래로 사선 감아매기 매듭을 11번 넣어 줍니다. 마찬가지로 약간 위로 볼록하게 하여 나뭇잎 패턴의 윗부분을 만들어 줍니다.

🏵 **참고** 50번 줄은 12에서 만든 두 번째 'V' 패턴의 가장 아래에 있는 평매듭의 기둥줄을 말합니다.

23. 나뭇잎 패턴 윗부분의 오른쪽 끝줄을 기둥줄로 삼아 사선 감아매기 매듭을 11번 넣어 나뭇잎 아랫부분도 볼록하게 만들어 줍니다.

24. 만들어진 나뭇잎 패턴의 왼쪽에서 4번 줄을 기둥줄로 삼아 22~23 과정을 반복하여 나뭇잎을 만들어 줍니다.

25. 총 3개의 나뭇잎 패턴을 만들어 줍니다.

26. 왼쪽 끝을 기준으로 22번 줄을 기둥줄로 삼아 22~23 과정을 반복하여 나뭇잎 패턴을 만들어 줍니다.

27

28

29

27. 나뭇잎 패턴을 2개 더 만들어 총 5개 가 되도록 합니다.

28. 13~27 과정을 반복해 오른쪽에도 나 비와 나뭇잎 패턴을 만들어 대칭이 되도록 합니다. 중간중간에 코일 매 듭을 넣어 장식하고, 원하는 모양으 로 줄을 잘라 다듬어 줍니다.

코일 매듭 : 056쪽

29. 완성된 커튼의 모습입니다.

내추럴함과 따뜻한 감성이 함께

마크라메
키친

내추럴한 마크라메 주방 소품은 과일, 야채와
도 참 잘 어울려요. 메시백을 만들어 과일이나
야채를 담고 냄비 받침, 티코스터 등으로 멋을
내 보세요. 특별한 날에는 마크라메 테이블 러
너로 스타일링하는 것도 좋아요.

내추럴 냄비 받침대 *Ring trivet*

황마끈으로 소소하게 만드는

라크스 헤드 매듭으로 내추럴한 키친 소품을 만들어 봅니다. 냄비 받침대나 티코스터 등 감성적인 주방 소품으로 활용해 보세요. 끈 굵기와 감는 횟수를 달리하면 취향과 용도에 따라 다양한 사이즈로 만들 수 있어요.

Materials
- 4합(2mm)~9합(3mm) 황마끈 16m~18m
- 지름 6cm~9cm 원기둥 모양의 소품

Knots
- 라크스 헤드 매듭
- 세로 라크스 헤드 매듭
- 평매듭
- 한매듭

Preparation
- 800~900cm 줄 1개
- 400~450cm 줄 2개(라크스 헤드 매듭 엮는줄)

난이도 ●●○○○

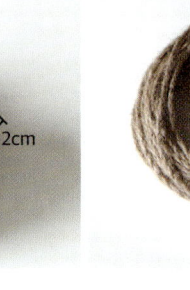

1. 800~900cm 줄을 원기둥 소품에 원하
는 두께로 감아 줍니다. 여기서는 약
2cm의 두께가 되도록 감았습니다.
소품을 제거합니다.

2. 400~450cm 줄 2개를 모아 1의 앞에
서 뒤로 걸어 라크스 헤드 매듭을 넣
어 줍니다. 이때 줄 길이는 똑같이 하
지 않고, 한쪽을 짧게 해 주세요.

라크스 헤드 매듭 : 031쪽

3. 2의 긴 줄로 세로 라크스 헤드 매듭
을 넣어 가며 모양을 만들어 줍니다.

세로 라크스 헤드 매듭 : 033쪽

4. 매듭을 넣으면서 동그랗게 모양을 잡은 후, 2개의 줄이 만나면 기둥줄 없이 평매
듭을 넣어 묶어 줍니다.

평매듭 : 038쪽

5. 줄 아래에 한매듭으로 고리를 만들고 적당한 길이로 잘라 완성합니다.

한매듭 : 030쪽

아기자기한 짜임 패턴이 예쁜

티코스터

Tea coaster

따뜻하면서 보헤미안 감성을 풍기는 티코스터를 만들어 봅니다. 이번에는 줄을 아래위로 교차하여 매듭 없이 간단하게 패턴 만드는 방법을 알아보겠습니다. 거는 줄의 개수를 늘리면 더 큰 사이즈의 티코스터를 만들 수도 있고, 테이블 매트로도 응용할 수 있어요.

Materials
· 90합(4mm) 면 로프 10m
· 20cm이상 목봉 혹은 막대기

Knots
· 라크스 헤드 매듭
· 사선 감아매기 매듭
· 평매듭
· 교차 평매듭

Preparation
· 100cm 줄 10개

난이도 ●●○○○

1. 목봉에 100cm 줄 10개를 반으로 접어 앞에서 뒤로 건 다음 라크스 헤드 매듭을 넣어 줍니다.

   라크스 헤드 매듭 : 031쪽

2. 10번째, 11번째 줄을 엇갈리게 잡고 기둥줄로 삼아 사선 감아매기 매듭을 넣어 줍니다.

   사선 감아매기 매듭 : 046쪽

3. 2와 같은 방법으로 오른쪽도 사선 감아매기 매듭을 넣어 줍니다. 다이아몬드 패턴의 윗부분이 만들어집니다.

4. 중앙에 평매듭을 한 번 넣고, 사선 방향으로 교차 평매듭을 각각 3번씩 넣어 줍니다.

   평매듭 : 038쪽
   교차 평매듭 : 040쪽

5. 양 끝에 2줄씩 남기고 4의 바깥쪽에 있는 평매듭 아래로 평매듭을 한 번씩 더 넣어 줍니다.

6. 각 매듭에서 남은 2줄을 같이 잡고 왼쪽에서 오른쪽 혹은 오른쪽에서 왼쪽으로 내려가도록 하되, 서로 엇갈리게 줄 사이를 통과하여 엮어 줍니다.

7. 6을 차례대로 교차 평매듭 하여 다이아몬드 패턴을 만들어 줍니다.

8. 아래로 사선 감아매기 매듭을 넣어 다이아몬드 패턴의 아랫부분도 만들어 줍니다.

9. 다이아몬드 패턴에 맞게 줄을 잘라 주고, 목봉에서 빼낸 후 윗부분도 잘라 줍니다.

    🏵 **참고** 목봉에서 빼내어 줄을 자르는 것이 훨씬 수월합니다.

10. 빗으로 줄을 빗어 자연스럽게 마무리합니다.

주방 인테리어와 선물 포장으로 좋은

메시백
Mesh bag

메시백은 실온 과일, 야채 등을 보관하여 내추럴한 주방 인테리어 소품으로 활용하거나 와인을 담아 소중한 사람에게 선물해도 좋습니다. 메시백은 아래 밑단부터 만들기 시작해 마지막에 가방 손잡이를 만드는 순서로 진행됩니다. 그물 패턴으로 가방 주머니를 만들며 매듭의 간격을 좁히거나 넓혀 다양하게 만들 수 있습니다.

Materials
• 4합(2mm) 황마끈 18m

Knots
• 라크스 헤드 매듭
• 평매듭
• 교차 평매듭
• 세줄땋기 매듭
• 랩핑 매듭

Patterns
• 그물 패턴

Preparation
• 200cm 줄 8개
• 100cm 줄 2개(랩핑 매듭)

난이도 ●●●○○

아랫단 만들기

1. 200cm 줄 1개를 반으로 접어 고리에 걸어 줍니다. 나머지 200cm 줄 7개를 앞에서 뒤로 걸어 라크스 헤드 매듭을 넣어 줍니다.

   라크스 헤드 매듭 : 031쪽

2. 매듭과 매듭의 간격은 약 0.5cm로 느슨하지 않게, 촘촘하고 튼튼하게 걸어 줍니다.

4. 매듭의 간격이 일정해지도록 3을 잘 당겨 주고 고리 사이로 통과시킨 줄과 그 옆 2줄을 가져와 평매듭을 넣어 고정합니다.

   평매듭 : 038쪽

3. 제일 처음 걸었던 200cm 줄 끝을 고리 사이로 통과시켜 메시백 아랫단을 만들어 줍니다. 이때 메시백 아랫단은 원 모양이 됩니다.

5. 나머지 줄도 같은 높이로 평매듭을 넣어 1줄을 만듭니다. 총 4개의 평매듭을 만듭니다.

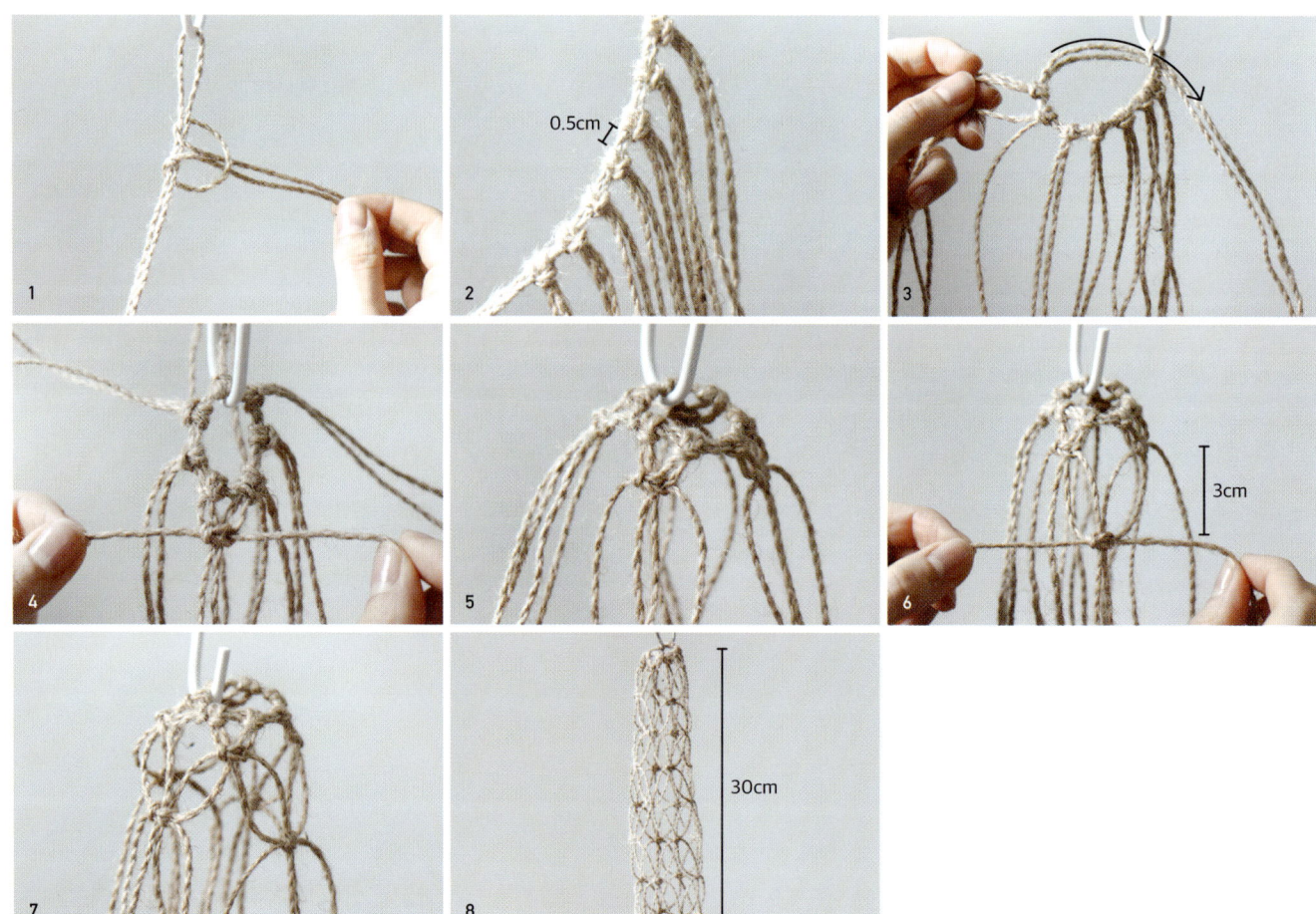

6. 약 3cm 아래에서 교차 평매듭하여 그물 패턴을 만들기 시작합니다.

   그물 패턴 : 070쪽
   교차 평매듭 : 040쪽

7. 6과 같은 방법으로 3cm 아래로 내려와 나머지 줄도 모두 교차 평매듭을 넣어 1줄을 만들어 줍니다.

8. 6~7 과정을 반복하여 약 30cm 길이의 가방 주머니를 만듭니다.

9. 마지막 매듭에서 평매듭을 두 번씩 더 넣어 줍니다.

끈 만들기

10. 각 평매듭의 줄 4개를 3 줄기로 나누어 세줄땋기 매듭을 20~25cm 넣어 줍니다.

　세줄땋기 매듭 : 062쪽

11. 10을 2개씩 가져와 아래에서 겹쳐 모은 후, 100cm 줄로 랩핑 매듭을 넣어 손잡이를 만들어 줍니다. 이때 두 손잡이 길이와 위치는 최대한 비슷하게 맞춰 줍니다.

　랩핑 매듭 : 036쪽

12. 완성된 메시백입니다. 과일이나 채소를 넣어 보관해 보세요.

특별한 테이블 만들기

테이블 러너

Table runner

가로 26cm, 전체 길이 220cm로 길이가 길고 양쪽으로 패턴이 대칭인 테이블 러너를 만듭니다. 교차 평매듭과 감아매기 매듭을 조합해 큰 다이아몬드 패턴을 만들고 이것을 4번 반복합니다. 줄이 길어 매듭을 넣기에 조금 어려울 수는 있지만, 다 만들고 나면 아름다운 웨딩 테이블 장식이나 파티 테이블 소품으로 사용할 수 있을 거예요. 마크라메 초보자는 어려울 수 있으니 매듭을 충분히 익힌 다음 만들어 보세요.

Materials
- 120합 면 로프(4.5mm) 164m
- 35cm 이상 목봉 혹은 막대기

Knots
- 라크스 헤드 매듭
- 평매듭
- 가로 감아매기 매듭
- 사선 감아매기 매듭
- 교차 평매듭
- 한매듭

Patterns
- 삼각형 패턴
- 다이아몬드 패턴

Preparation
- 1000cm 줄 16개
- 50cm 줄 8개(가로 감아매기 매듭의 기둥줄)

난이도 ●●●●○

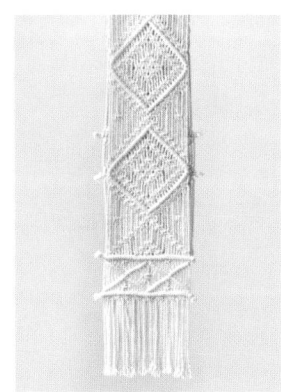

감아매기 매듭으로
패턴 넣기

1. 1000cm 줄 16개를 반으로 접어 목봉 앞에서 뒤로 건 다음, 라크스 헤드 매듭을 넣어 줍니다.

   라크스 헤드 매듭 : 031쪽

   🪙 **참고** 이때 줄 사이 간격은 약 0.8cm입니다.

2. 목봉에서 20cm 아래로 내려와 각 줄마다 평매듭을 넣어 평매듭 1줄을 만들어 줍니다.

   평매듭 : 038쪽

3. 50cm 줄 2개에 한매듭을 넣어 모은 다음, 왼쪽 끝에 놓고 가로 감아매기 매듭의 기둥줄로 이용합니다.

4. 평매듭 아래로 가로 감아매기 매듭을 1줄 넣고 한매듭을 넣어 마무리합니다.

   한매듭 : 030쪽
   가로 감아매기 매듭 : 048쪽

5. 이제 16개의 줄을 두 파트로 나눠 양쪽으로 6줄씩 남기고 가운데에 있는 4개의 줄로 평매듭을 한 번씩 넣어 줍니다.

6. 각 파트 양 끝 줄을 기둥줄로 삼아 가운데로 내려오도록 사선 감아매기 매듭을 넣어 줍니다.

   사선 감아매기 매듭 : 046쪽

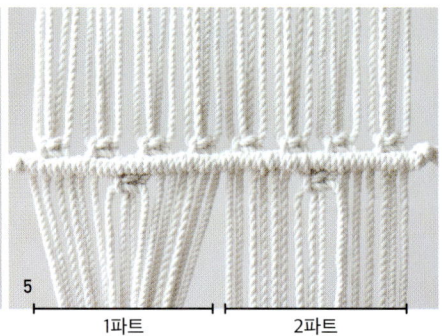

1파트   2파트

7. 양쪽 파트를 합쳐 가운데에 있는 6개의 줄을 기둥줄로 삼고, 양옆에 있는 줄 1개씩을 엮는줄로 가져와 총 8개의 줄로 큰 평매듭을 넣어 줍니다.

✦ **참고** 이때 평매듭을 사진에 표기된 중심선에 잘 맞춰 넣습니다.

8. 각 파트의 사선 감아매기 매듭이 이어지도록, 계속해서 사선 감아매기 매듭을 넣어 줍니다. 이때 왼쪽 아래 방향으로 내려가는 매듭을 먼저 넣어 준 다음, 오른쪽 방향으로 내려가는 매듭을 넣어 줍니다.

9. 각 파트의 사선 감아매기 매듭 가운데 아래쪽에 평매듭을 넣고, 3~4 과정을 반복해 가로 감아매기 매듭을 넣어 줍니다.

10. 감아매기 매듭 아래 가운데에 평매듭 3번 넣고 교차 평매듭으로 역삼각형 패턴을 만들어 줍니다.

교차 평매듭 : 040쪽
삼각형 패턴 : 071쪽

11. 양쪽 끝에서 교차 평매듭을 넣어 'V' 패턴을 만들어 줍니다. 그 다음은 양쪽 끝의 3번째 줄부터 4개의 줄을 잡고, 'V'패턴 가장 아래에 있는 평매듭과 위치를 맞추어 평매듭을 한 번씩 넣어 줍니다.

모던 벽 장식 기본형 : 107쪽 6번

다이아몬드 패턴 만들기

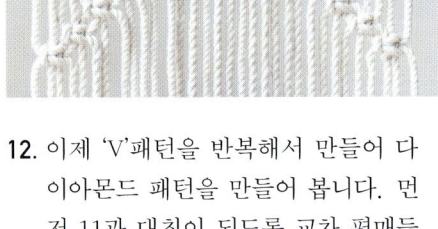

12. 이제 'V'패턴을 반복해서 만들어 다이아몬드 패턴을 만들어 봅니다. 먼저 11과 대칭이 되도록 교차 평매듭을 넣어 가운데에서 아래로 내려가는 'V'패턴을 만듭니다.

13. 가운데 2줄을 엇갈리게 기둥줄로 가져와 12의 아래에 사선 감아매기 매듭을 넣어 줍니다.

티코스터 : 154쪽

14. 가운데에서 아래로 내려가도록 교차 평매듭을 넣고 양쪽으로 2줄씩 남깁니다. 그 다음은 가운데 줄 12개를 이용해 작은 다이아몬드 패턴을 만들어 주세요.

다이아몬드 패턴 : 072쪽

✤ **참고** 이때 사진에 표기된 중심선에 잘 맞춰 주세요.

15. 교차 평매듭과 사선 감아매기 매듭 순으로 다이아몬드 패턴을 만들어 갑니다.

16. 마지막으로 15의 아래로 양쪽 끝에서부터 교차 평매듭을 넣어 다이아몬드 패턴을 완성합니다. 양쪽 끝의 3번째 줄부터 4개의 줄을 잡고, 다이아몬드 패턴 가장 아래에 있는 평매듭과 위치를 맞추어 평매듭을 한 번씩 넣어 줍니다.

17. 12~16 과정을 반복해 다이아몬드 패턴을 3개 더 만들어 총 4개의 다이아몬드 패턴을 만들어 줍니다.

대칭으로 패턴 넣고
마무리하기

18. 2~11 과정을 역으로 진행해 이 부분
과 대칭이 되도록 매듭과 패턴을 넣
어 줍니다.

19. 위아래 줄을 원하는 길이로 잘라 마
무리합니다.

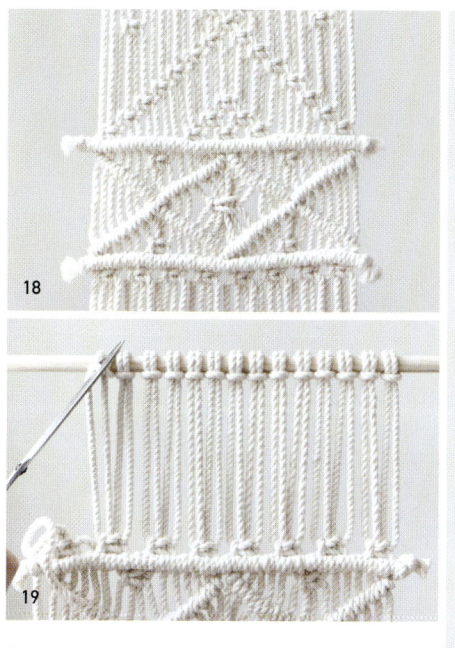

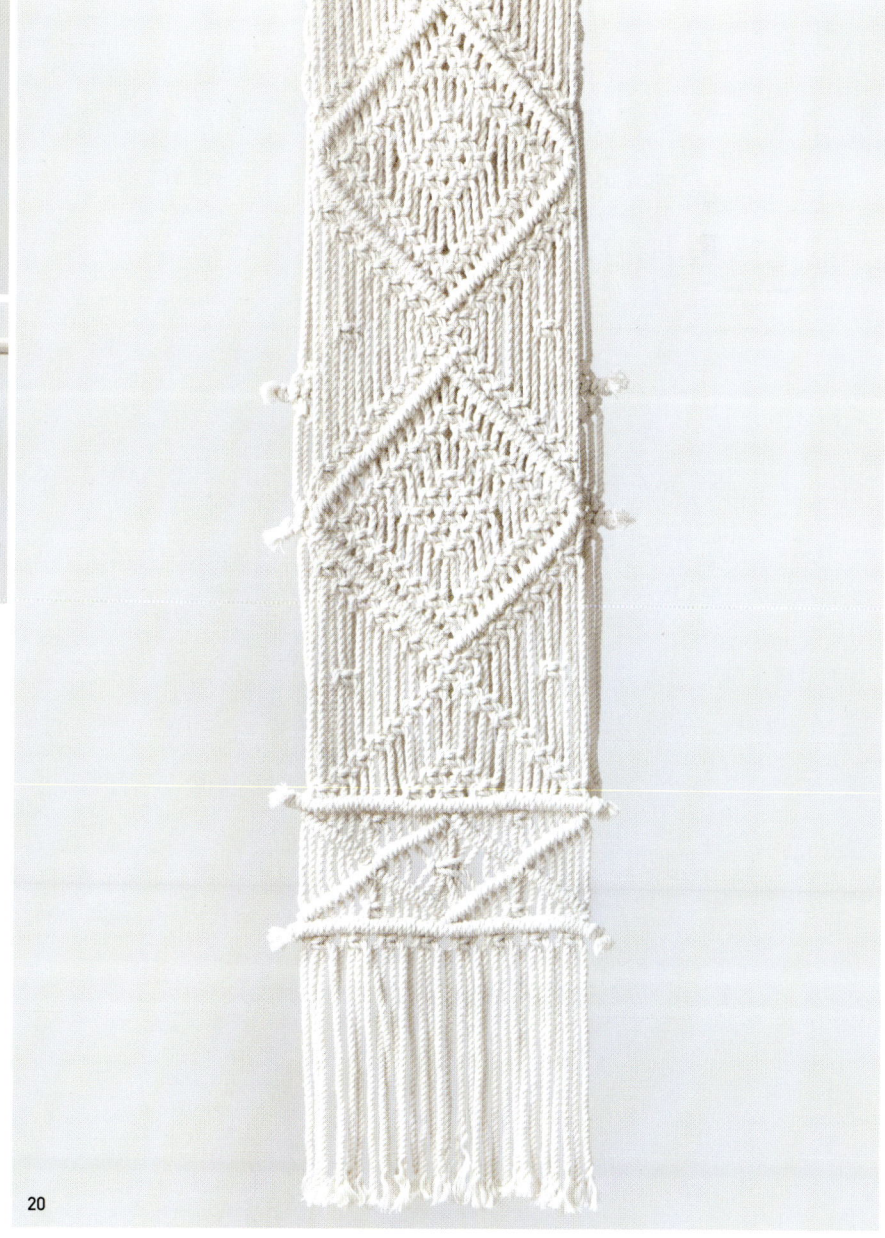

20. 완성된 테이블 러너입니다.

로맨틱한 순간을 더
특별하게 만들어 주는
마크라메
웨딩

아름답고 소중한 날, 마크라메 웨딩 장식으로
로맨틱한 순간을 만들어 보세요. 웨딩 베일이
나 부케 랩, 의자 장식으로 사용하고, 신부 대
기실이나 야외 결혼식에서는 마크라메 벽 장식
을 활용해 보세요. 소중한 날이 더 특별해집니
다. 웨딩이 끝난 후에는 그날의 추억이 담긴 멋
스러운 인테리어 소품이 될 거예요.

로맨틱하고 빈티지한 감성을 엮어 만드는

보헤미안 부케 랩

bouguet wrap

교차 평매듭으로 'V' 패턴과 다이아몬드 패턴을 만들고, 사선 감아매기 매듭으로 이국적인 보헤미안풍의 부케 랩을 만들어 봅니다. 자연과 함께하는 야외 웨딩에서는 더할 나위 없이 잘 어우러지는 소품이 될 거예요. 웨딩이 끝난 후에는 화병 랩으로 써도 좋습니다.

Materials
· 90합(4mm) 면 로프 16m
· 20cm이상 목봉 혹은 막대기

Knots
· 라크스 헤드 매듭
· 교차 평매듭
· 사선 감아매기 매듭

Patterns
· 다이아몬드 패턴

Preparation
· 120cm 줄 1개
· 180cm 줄 8개

난이도 ●●○○○

1. 120cm 줄을 목봉에 테이프로 팽팽하게 고정시킵니다. 그리고 180cm 줄 8개를 반으로 접어 고정시킨 줄에 앞에서 뒤로 걸어 라크스 헤드 매듭을 넣어 줍니다.

   라크스 헤드 매듭 : 031쪽

2. 양쪽 끝에 있는 2개의 줄을 제외하고 세 번째 줄부터 교차 평매듭을 넣어 'V'자 패턴을 만들어 줍니다.

   교차 평매듭 : 040쪽

3. 2의 'V'자 패턴 양 끝 줄을 기둥줄로 삼아 가운데로 내려가는 사선 감아매기 매듭을 넣어 줍니다. 매듭 끝부분은 오른쪽으로 닫아 줍니다.

   사선 감아매기 매듭 : 046쪽

4. 바로 아래에 사선 감아매기 매듭을 한 번 더 넣고 끝부분을 오른쪽으로 닫아 줍니다.

5. 이번에는 1cm 내려와 양 끝에서부터 교차 평매듭으로 'V'자 패턴을 만들고, 사선 감아매기 매듭을 넣어 오른쪽으로 닫아 줍니다.

6. 다시 1cm 아래로 내려와 교차 평매듭으로 'V'자 패턴을 한 번 더 만들어 줍니다.

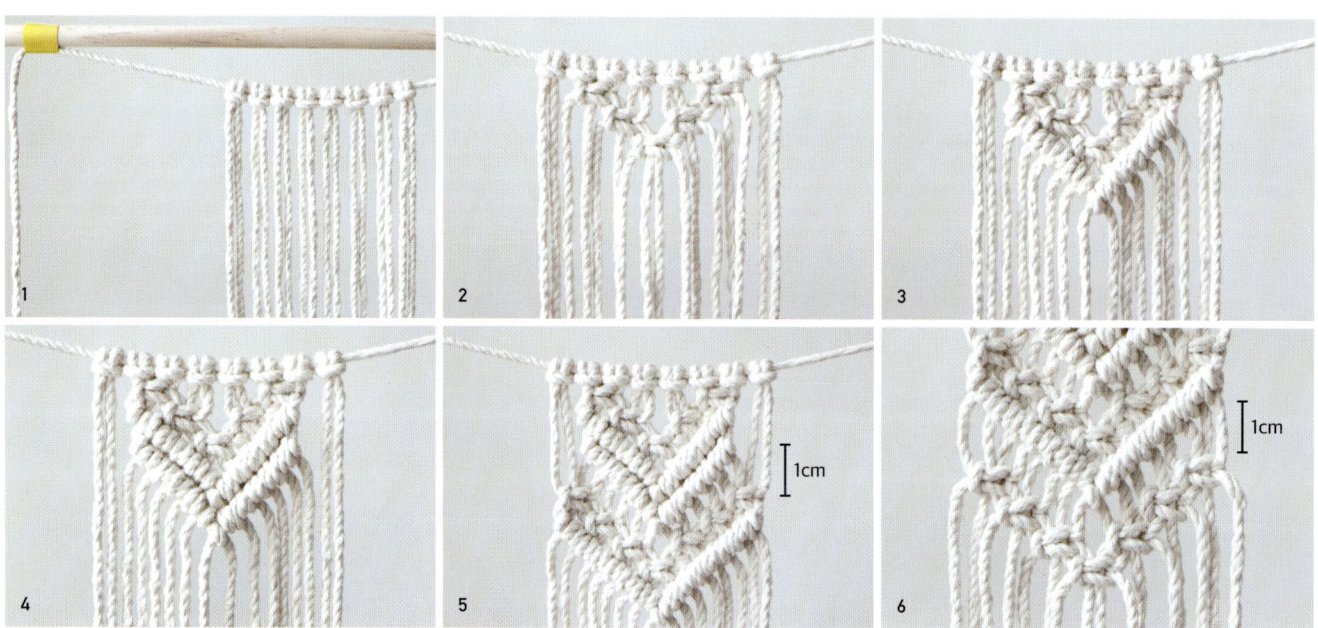

7. 교차 평매듭으로 다이아몬드 패턴을 만들어 줍니다. 교차 평매듭을 넣어 위로 뾰족한 패턴을 만들고 대칭되도록 아래가 뾰족한 패턴으로 매듭을 넣어 줍니다. 전체 길이를 원하는 대로 잘라 마무리합니다.

다이아몬드 패턴 : 072쪽

8. 부케에 둘러 줄 때는, 완성한 부케 랩을 부케 앞에 대고 뒤로 돌려 신발 끈을 묶듯 매듭 사이사이에 목봉에 고정한 줄을 통과시켜 조여 줍니다.

푸른 자연에서 더 아름다운 신부

로맨틱 웨딩 베일
Wedding veil

좌우엮기 매듭과 평매듭으로 머리띠 모양의 웨딩 베일을 만듭니다. 매듭 개수를 조절하면 머리 둘레에 맞게 크기를 조절할 수 있어요. 프린지 레이어를 덧대면 보헤미안 감성이 살아납니다.

Materials
· 90합(4mm) 면 로프 25m
· 10cm이상 목봉 혹은 막대기

Knots
· 평매듭
· 교차 평매듭
· 스위치 평매듭
· 좌우엮기 매듭
· 라크스 헤드 매듭
· 세로 라크스 헤드 매듭
· 프린지

Preparation
· 200cm 줄 4개
· 100cm 줄 17개(프린지)

난이도 ●●●○○

머리띠 만들기

1. 200cm 줄 4개를 반으로 접어 목봉에 걸어 줍니다.

2. 평매듭을 1번 넣고 3cm 내려와 스위치 평매듭을 1번 넣어 줍니다.

평매듭 : 038쪽
스위치 평매듭 : 042쪽

3. 목봉을 뒤로 돌려 스위치 평매듭을 2번 넣어 줍니다.

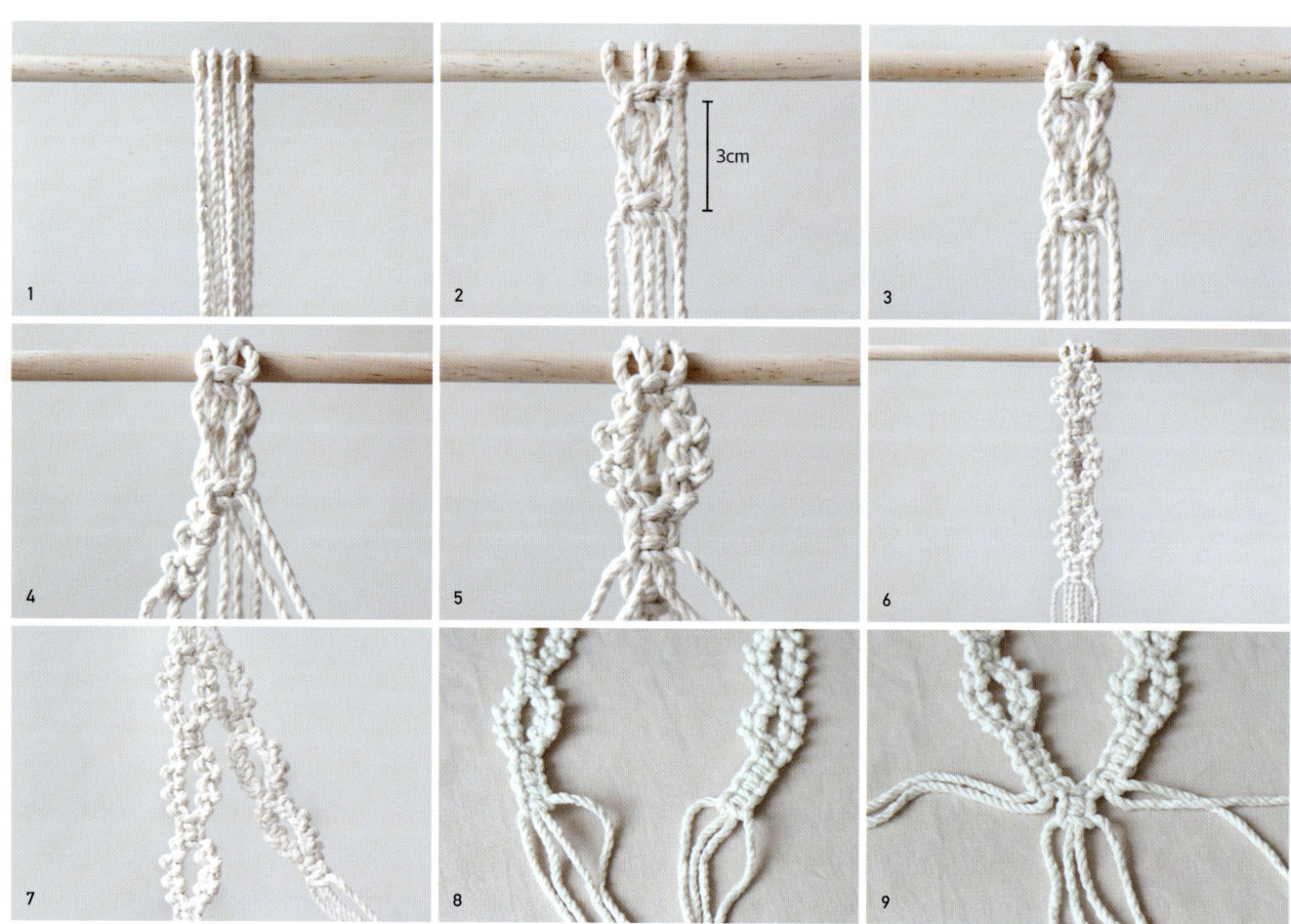

4. 2줄씩 나눠 좌우엮기 매듭을 각각 7번 씩 넣어 줍니다.

좌우엮기 매듭 : 054쪽

7. 뒤로 돌려 4~5 과정을 3번 반복하여 앞뒤를 같은 모양으로 만들어 줍니다.

5. 좌우엮기 매듭 아래에 4개의 줄로 평매듭을 2번 넣어 줍니다. 좌우엮기 매듭은 타원형으로 다듬어 줍니다.

8. 이제 머리띠 모양을 만들기 위해 양쪽 매듭 끝에 평매듭을 2번 더 넣어 줍니다.

✤ **참고** 머리 둘레에 맞게 매듭을 추가하거나 빼 주세요.

6. 4~5 과정을 2번 더 반복해 2개의 타원을 추가로 만들어 줍니다.

9. 양쪽 매듭에서 2줄씩 가져와 교차 평매듭을 2번 넣어 줄을 연결합니다.

교차 평매듭 : 040쪽

프린지 레이어 만들기

10. 100cm 줄을 사진에 표시된 부분에 세로 라크스 헤드 매듭을 넣어 프린지가 들어갈 공간을 3개로 만들어 줍니다.

세로 라크스 헤드 매듭 : 033쪽

11. 만들어 놓은 공간에 100cm 줄 4개, 8개, 4개를 순서대로 앞에서 뒤로 걸어 라크스 헤드 매듭을 넣어 줍니다.

라크스 헤드 매듭 : 031쪽

12. 라크스 헤드 매듭을 넣은 줄에 추가로 평매듭을 1번씩 넣어 줍니다. 취향에 맞게 매듭을 더 추가하거나 프린지 개수를 늘려도 좋습니다.

13. 원하는 길이로 줄을 잘라 마무리합니다. 웨딩 베일이 완성된 모습입니다.

의자 장식은 앞의 부케 랩과 연결된 패턴으로 통일되게 만들어 봅니다. 교차 평매듭으로 역삼각형 패턴과 'V'자 패턴을 만든 후 사선 감아매기 매듭으로 마무리하여 뒷면 레이어를 만듭니다. 이번에도 프린지 레이어를 덧대어 더욱 풍성한 느낌을 줄 거예요. 프린지 레이어에 매듭을 추가하고 싶다면 줄을 더 길게 재단해 주세요. 의자 장식은 웨딩이 끝난 후 화분 커버나 벽 장식으로 활용해도 좋습니다.

화려하진 않지만 특별한 웨딩 소품

의자 장식
Chair back hanging

Materials
- 120합(4.5mm) 면 로프 40m~42m
- 35cm이상 목봉 혹은 막대기

Knots
- 라크스 헤드 매듭
- 평매듭
- 교차 평매듭
- 사선 감아매기 매듭
- 프린지

Patterns
- 삼각형 패턴

Preparation
- 150cm 줄 1개
- 200cm 줄 14개
- 100cm 줄 2개(프린지)
- 40cm 줄 20개~26개(프린지)

난이도 ●●●○○

뒷 면 레 이 어

1. 150cm 줄을 목봉에 테이프로 팽팽하
   게 고정시킵니다. 그리고 200cm 줄
   14개를 반으로 접어 고정시킨 줄에
   앞에서 뒤로 걸어 라크스 헤드 매듭
   을 넣어 줍니다.

   라크스 헤드 매듭 : 031쪽

2. 중앙에는 평매듭 3개, 좌우 양쪽은
   평매듭 2개로 역삼각형 패턴을 만들
   어 줍니다.

   평매듭 : 038쪽
   삼각형 패턴 : 071쪽

1cm

3. 3개의 역삼각형 패턴의 양 끝 줄을
   기둥줄로 삼아 사선 감아매기 매듭을
   넣어 줍니다. 매듭의 끝부분은 오른
   쪽으로 닫아 줍니다.

   사선 감아매기 매듭 : 046쪽

4. 양 끝에서 6줄씩을 제외하고 교차 평
   매듭으로 'V'자 패턴을 만듭니다. 이
   때 가운데 역삼각형 패턴에서 1cm 아
   래로 내려와 매듭을 만들어 줍니다.
   그런 다음 양 끝 줄을 기둥줄로 삼아
   사선 감아매기 매듭을 넣어 줍니다.

   교차 평매듭 : 040쪽

프 린 지 레 이 어

5. 목봉 양 끝에 100cm 줄을 하나씩 앞에서 뒤로 걸어 라크스 헤드 매듭을 넣고 가운데로 가져와 평매듭을 한 번 넣어 줍니다.

6. 40cm 줄을 뒤에서 앞으로 걸어 라크스 헤드 매듭을 넣어 프린지를 만들어 줍니다. 빈 공간 없이 프린지로 채워 줍니다. 이때 뒷면 레이어에서 길게 남은 줄을 적당한 길이로 잘라서 프린지로 이용할 수도 있습니다.

프린지 : 077쪽

🌼 **참고** 프린지 줄의 길이는 취향에 따라 더 길게 만들어도 좋습니다.

7. 줄을 원하는 길이로 잘라 전체적인 모양을 다듬어 완성합니다.

소중한 날, 아름답고 따뜻한 공간으로 만들어 줄

웨딩 가랜드 *Garland*

웨딩 가랜드는 가로 110cm, 세로 50cm 정도 되는 가로가 긴 디자인이에요. 크기는 크지만 패턴이 반복되기 때문에 어렵지 않게 만들 수 있습니다. 교차 평매듭과 감아매기 매듭으로 만든 삼각형 패턴이 일곱 번 반복되고 작은 다이아몬드 패턴과 'V'자 패턴이 여섯 번 반복됩니다. 삼각형 패턴에 버블 매듭을 더해 사랑스러운 분위기를 연출해 보세요. 완성한 웨딩 가랜드에 꽃을 꽂아 장식하면 아름다운 웨딩 백드롭으로도 활용할 수 있습니다. 웨딩이 끝난 후엔 침대나 소파 위에 벽 장식으로 활용해 보세요.

Materials
- 120합 면 로프(4.5mm) 163m
- 130cm 이상 목봉 혹은 막대기

Knots
- 라크스 헤드 매듭
- 평매듭
- 한매듭
- 가로 감아매기 매듭
- 사선 감아매기 매듭
- 버블 매듭
- 교차 평매듭

Patterns
- 삼각형 패턴
- 다이아몬드 패턴

Preparation
- 520cm 줄 1개
- 220cm 줄 70개
- 150cm 줄 2개(가로감아매기 기둥줄)

난이도 ●●●●○

1. 520cm 줄을 반으로 접어 양쪽 끝을 테이프로 붙여서 목봉에 팽팽하게 고정시킵니다. 그리고 나서 220cm 줄 70개를 반으로 접어 앞에서 뒤로 건 다음, 라크스 헤드 매듭을 넣어 줍니다.

   라크스 헤드 매듭 : 031쪽

   ✤ 참고 매듭 사이 간격은 약 0.5cm로 걸어 줍니다.

2. 전체적으로 평매듭을 1줄 넣고 교차 평매듭을 다시 넣어 총 2줄의 평매듭을 만들어 줍니다. 이때 매듭 개수는 1번째 줄은 35개, 2번째 줄은 34개입니다.

   평매듭 : 038쪽
   교차 평매듭 : 040쪽

3. 150cm 줄 2개를 한매듭을 넣어 모아 준 다음, 가로 감아매기 매듭의 기둥줄로 이용합니다. 평매듭 아래로 가로 감아매기 매듭을 1줄 넣어 줍니다.

   한매듭 : 030쪽
   가로 감아매기 매듭 : 048쪽

패턴 만들기

4. 가로 감아매기 매듭 아래에 평매듭을 1줄 넣어 줍니다. 이때 평매듭의 개수는 35개인데, 5개를 기준으로 총 7개의 역삼각형 패턴을 만들어 줍니다.

   삼각형 패턴 : 071쪽

5. 역삼각형 양 끝 줄을 기둥줄로 삼아 가운데로 내려오도록 사선 감아매기 매듭을 넣습니다. 감아매기 매듭의 끝부분은 오른쪽으로 닫아 줍니다.

   사선 감아매기 매듭 : 046쪽

6. 삼각형 패턴 아래에 양쪽에서 4줄씩 제외하고 사선 감아매기 매듭을 넣습니다. 감아매기 매듭 끝부분은 오른쪽으로 닫아 줍니다.

7. 앞에서 만든 삼각형 패턴의 사이사이에 4개의 줄로 평매듭을 1번씩 넣습니다. 이때 매듭 위치는 삼각형 패턴 가장 아래에 있는 평매듭 위치와 비슷합니다.

8. 아래로 교차 평매듭을 2번을 넣은 다음, 다시 1번 더 넣어 작은 다이아몬드 패턴을 완성합니다.

다이아몬드 패턴 : 072쪽

9. 다이아몬드 패턴 양옆으로 평매듭을 1번 넣어 줍니다. 이때 매듭 위치는 작은 사선 감아매기 매듭의 끝부분에 맞춥니다. 그런 다음 양쪽 끝에서 교차 평매듭을 넣어 'V'자 패턴을 만듭니다.

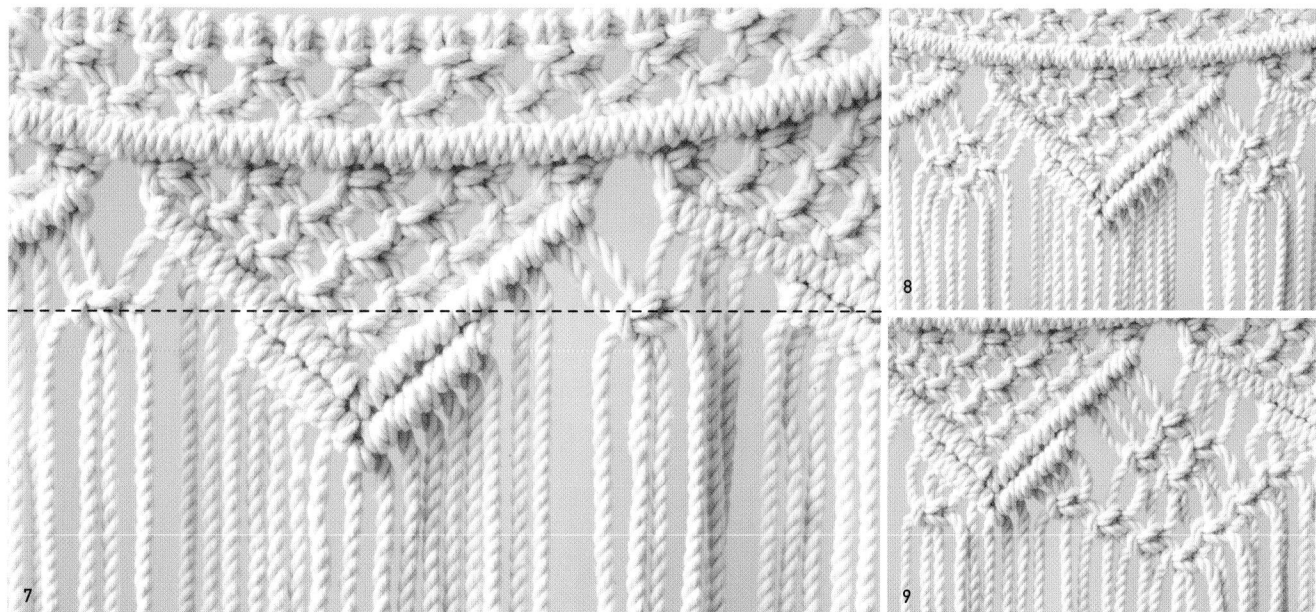

버블 매듭 만들기

10. 삼각형 패턴 끝에 있는 4개의 줄로 버블 매듭을 넣어 줍니다.

버블 매듭 : 066쪽

마무리 하기

11. 4~6 과정을 반복해 삼각형 패턴 7개, 7~9 과정을 반복해 작은 다이아몬드 패턴과 'V'자 패턴을 각각 6개씩 만들고, 원하는 길이로 잘라 전체적인 모양을 다듬어 줍니다.

12. 완성된 웨딩 가랜드의 모습입니다.

보헤미안 스타일의 따뜻한 느낌

마크라메
아이 방 소품

보헤미안 스타일의 마크라메 아이 방 소품은,
기성품과 다른 따뜻함과 자연스러움을 연출합
니다. 엄마가 직접 만든 마크라메 소품으로 사
랑과 온기 넘치는 아이 방을 만들어 주세요.

리본 장식이 예쁜

태슬 벽 장식

Tassel wall hanging

긴 평돌기 매듭과 크라운 매듭, 피코 평매듭을 이용해 태슬이 아름다운 벽 장식을 만듭니다. 크라운 매듭으로 태슬을 만들고, 피코 평매듭으로 앙증맞은 리본 장식을 만들어 봅니다. 우드 비즈와 유목을 함께 이용하면 훨씬 내추럴한 분위기를 낼 수 있습니다.

Materials
- 90합(4mm) 면 로프 66m
- 12합(1mm) 혹은 얇은 실
- 55cm이상 자연 나무 혹은 목봉
- 외경 2cm~2.5cm/내경 1cm 우드 비즈 11개

Knots
- 라크스 헤드 매듭
- 평돌기 매듭
- 평매듭
- 피코 평매듭
- 크라운 매듭
- 랩핑 매듭
- 프린지

Preparation

평돌기 매듭 태슬 장식
- 90합 170cm 줄 7개(기둥줄)
- 90합 550cm 줄 1개(엮는줄)
- 90합 450cm 줄 2개(엮는줄)
- 90합 350cm 줄 2개(엮는줄)
- 90합 250cm 줄 2개(엮는줄)
- 12합 혹은 얇은 줄 50cm로 굵기 1.5cm~2cm 분량(태슬)
- 컬러 자수 실 70cm 줄 7개(태슬 랩핑 매듭)

피코 태슬 장식
- 90합 70cm 줄 2개(기둥줄)
- 90합 300cm 줄 2개(엮는줄)

프린지
- 90합 150cm 줄 1개
- 90합 40cm 줄 46개

난이도 ●●●●○

1. 170cm 줄 7개를 반으로 접고 앞에서 뒤로 걸어 라크스 헤드 매듭을 넣습니다. 이때 매듭 간격은 약 5cm로 합니다.

라크스 헤드 매듭 : 031쪽

4. 7개 평돌기 매듭 끝에 우드 비즈를 넣고 평매듭으로 고정시킵니다.

평매듭 : 038쪽

2. 550cm 줄을 반으로 접어 가운데 기둥줄 뒤로 가져가 평돌기 매듭을 아래로 넣어 줍니다. 길이가 약 50cm 될 때까지 평돌기 매듭을 넣어 줍니다.

평돌기 매듭 : 043쪽

3. 가운데 평돌기 매듭을 기준으로 양옆으로 450cm, 350cm, 250cm 줄을 엮는줄로 삼아 평돌기 매듭을 넣어 줍니다. 각각 40cm, 30cm, 20cm 길이가 될 때까지 매듭을 넣습니다.

태슬 만들기

5. 50cm로 잘라 준비한 태슬 줄을 평매듭 아래 줄 사이로 넣어 줍니다.

🌼 **참고** 여기서는 12합 면 로프 약 70줄을 사용했습니다. 손으로 쥐었을 때 굵기 1.5~2cm 정도의 양입니다.

6. 태슬 줄의 반이 되는 지점의 아래쪽에 평매듭을 한 번 더 넣어 태슬 줄을 단단하게 고정합니다.

7. 태슬 줄과 6에서 평매듭한 4개의 줄을 크게 4등분해 시계 방향으로 크라운 매듭을 한 번 넣어 줍니다. 이때 너무 조이지 않고 살짝 볼륨감 있게 만들어 주세요.

크라운 매듭 : 058쪽

8. 이번에는 크라운 매듭을 반시계 방향으로 한 번 더 넣어 준 다음, 태슬을 아래로 가지런히 정돈합니다.

9. 70cm 컬러 자수실로 태슬 허리에 랩핑 매듭을 넣고, 적당한 길이로 잘라 마무리합니다.

랩핑 매듭 : 036쪽

10. 나머지 평돌기 매듭에도 태슬 장식을 넣어 줍니다.

피코 평매듭으로
리본 장식 만들기

11. 목봉에 걸린 양 끝 매듭에서 약 5cm 바깥쪽으로 이동해 70cm 줄을 반으로 접고 앞에서 뒤로 걸어 라크스 헤드 매듭을 넣어 줍니다.

❀ **참고** 이 줄은 13에서 피코 평매듭을 넣을 때 기둥줄로 사용됩니다.

12. 300cm 줄을 11의 기둥줄 뒤로 가져가 평매듭을 5번 넣어 줍니다.

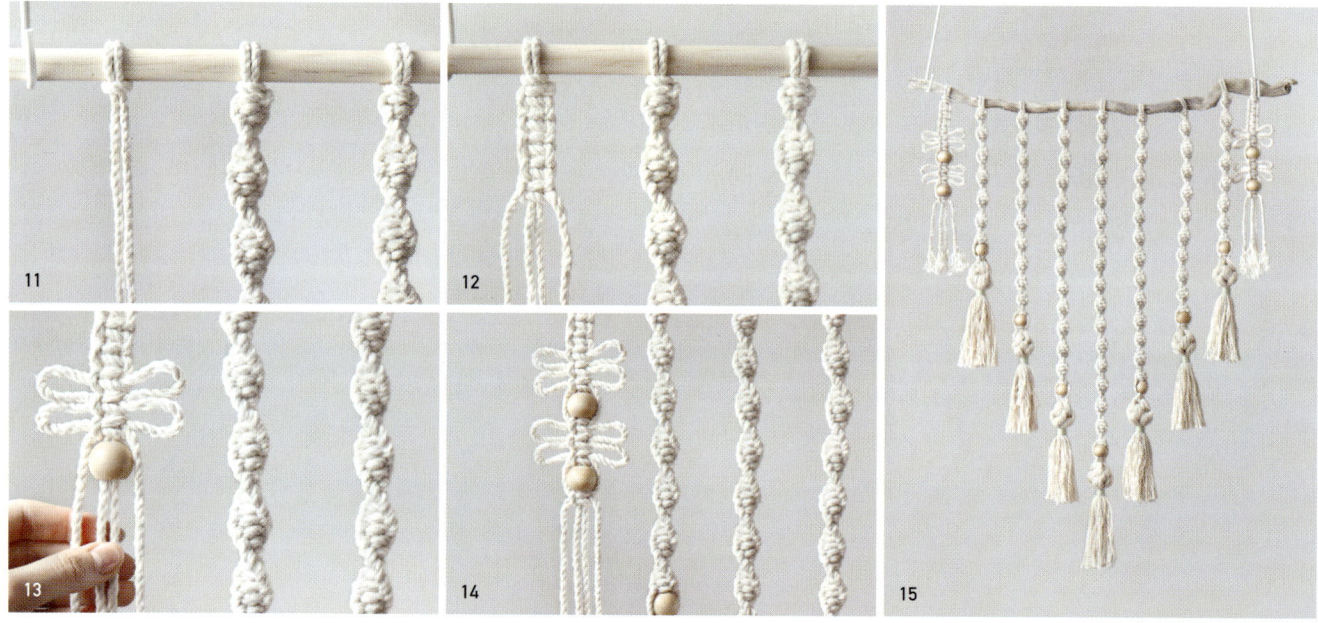

13. 피코 평매듭을 2번 넣은 뒤 우드 비즈를 끼웁니다.

피코 평매듭 : 041쪽

14. 다시 피코 평매듭을 2번 더 넣은 뒤, 우드 비즈를 끼우고 평매듭을 넣어 마무리합니다.

15. 반대편에도 12~14 과정을 반복해 리본 장식을 만들어 줍니다.

❀ **참고** 목봉 대신 유목을 이용하면 더욱 내추럴하고 멋스럽습니다.

프린지 레이어 만들기

16. 프린지 레이어를 만들기 위해 양 끝의 피코 매듭과 평돌기 매듭 사이에 150cm 줄을 라크스 헤드 매듭으로 고정시킵니다. 그리고 40cm 프린지 줄 46개를 뒤에서 앞으로 걸어 라크스 헤드 매듭을 넣어 줍니다.

프린지 : 077쪽

17. 완성된 태슬 벽 장식의 모습입니다.

태슬과 나무로 만든 장난감

모빌
Mobile

아기 침대나 아이 방 한편에 가볍게 걸어 두기 좋은 태슬 우든 모빌을 만들어 봅니다. 클래식 샹들리에를 만들었던 것과 마찬가지로 링과 링 사이 길이를 최대한 일정하게 맞추어 모빌이 한쪽으로 기울지 않도록 해 주세요. 여기에서는 12합의 줄을 이용했으나 조금 더 얇거나 두꺼운 줄을 이용해도 좋고, 취향에 맞게 태슬 장식을 더 추가하거나 우드 비즈 컬러를 다르게 해도 좋습니다. 나무로 만든 장난감을 함께 걸어 아이 방을 장식해 주세요.

Materials
- 12합(1mm) 또는 아주 얇은 면 로프 66m
- 외경 22cm~30cm 사이 드림캐처 우드 링 1개
- 외경 6cm 우드 링 1개
- 외경 4cm~5cm 사이 우드 링 4개 이상
- 외경 1.5cm~3cm 사이 위아래 구멍 크기가 동일한 우드 비즈 6개 이상
- 컬러 자수실

Knots
- 라크스 헤드 매듭
- 가로 감아매기 매듭
- 한매듭
- 크라운 매듭
- 랩핑 매듭

Preparation
- 100cm 줄 6개
- 30cm 줄 원하는 만큼의 양(태슬)
- 컬러 자수실 60cm 줄 4개(태슬 랩핑 매듭)

난이도 ●●●○○

1. 외경이 6cm인 우드 링에 100cm 줄 2개를 반으로 접어 앞에서 뒤로 건 다음, 한 번에 라크스 헤드 매듭을 넣어 줍니다.

   라크스 헤드 매듭 : 031쪽

2. 4개의 줄을 드림캐처 우드 링 안으로 모두 넣고, 약 20cm 아래로 내려와 드림캐처 우드 링을 기둥줄로 삼아 감아매기 매듭을 넣어 고정합니다.

   가로 감아매기 매듭 : 048쪽

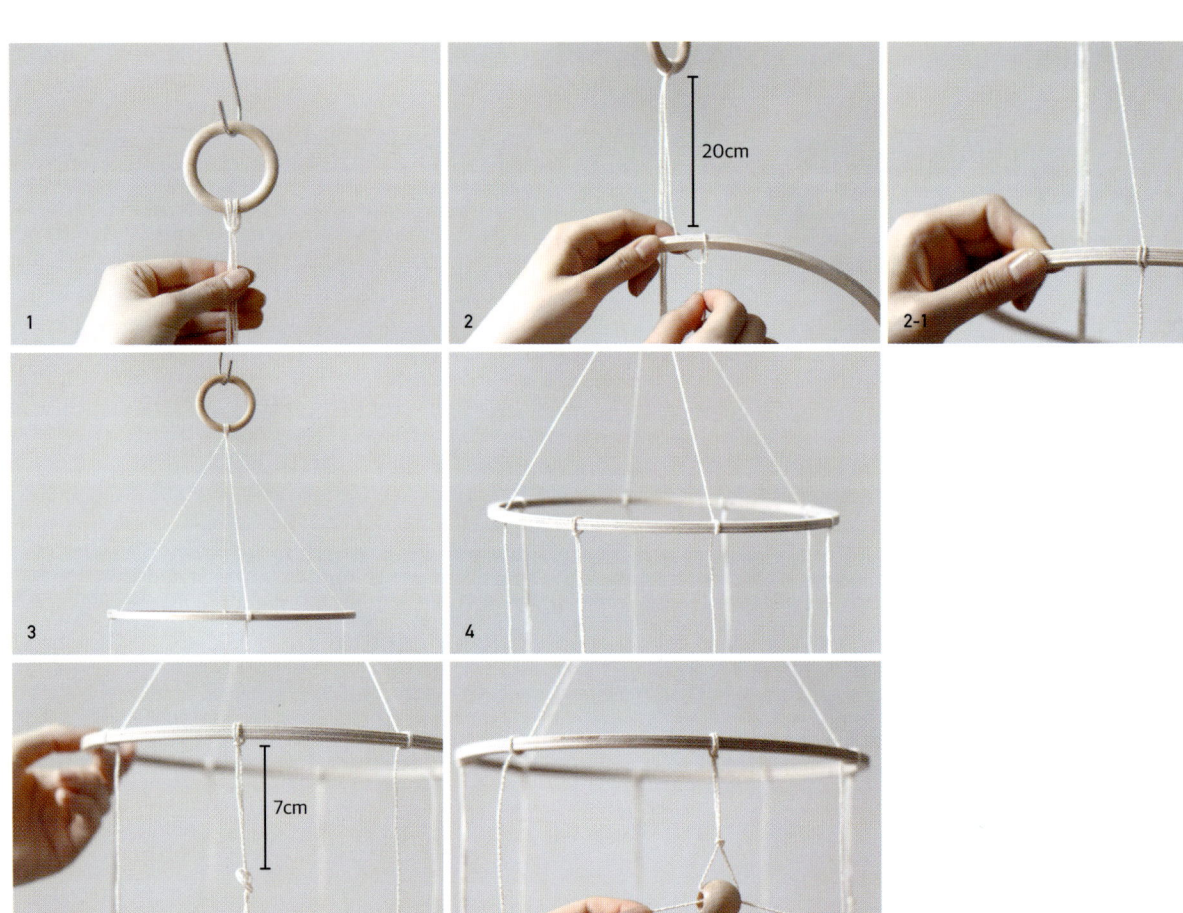

3. 사방향으로 감아매기 매듭을 넣어 드림캐처 우드 링과 연결합니다.

   🪷 참고 이때 줄 간격을 최대한 일정하게 맞춰 우드 링이 평행이 되도록 합니다.

5. 링에서 약 7cm 아래로 내려와 2줄로 한매듭을 넣어 줍니다.

   한매듭 : 030쪽

4. 나뉜 공간 사이에 100cm 줄 1개를 앞에서 뒤로 걸어 라크스 헤드 매듭을 넣어 줍니다.

6. 한매듭을 넣은 2개 줄을 우드 비즈 구멍 양쪽으로 하나씩 넣어 반대 방향으로 빼 줍니다.

7. 먼저 만든 한매듭과 대칭이 되는 위치에 다시 한매듭을 넣어 줍니다. 그리고 2와 같은 방법으로 감아매기 매듭을 넣어 우드 링을 고정합니다.

8. 우드 링이 평행이 되도록 매듭과 실의 간격을 최대한 일정하게 맞춰 줍니다.

9. 7과 대칭이 되는 위치에 한매듭을 넣은 뒤 굵기가 약 1cm~1.5cm 되는 양의 30cm 태슬 줄을 한매듭 아래 사이로 넣어 줍니다.

🏵 **참고** 여기서는 약 50줄을 사용했습니다.

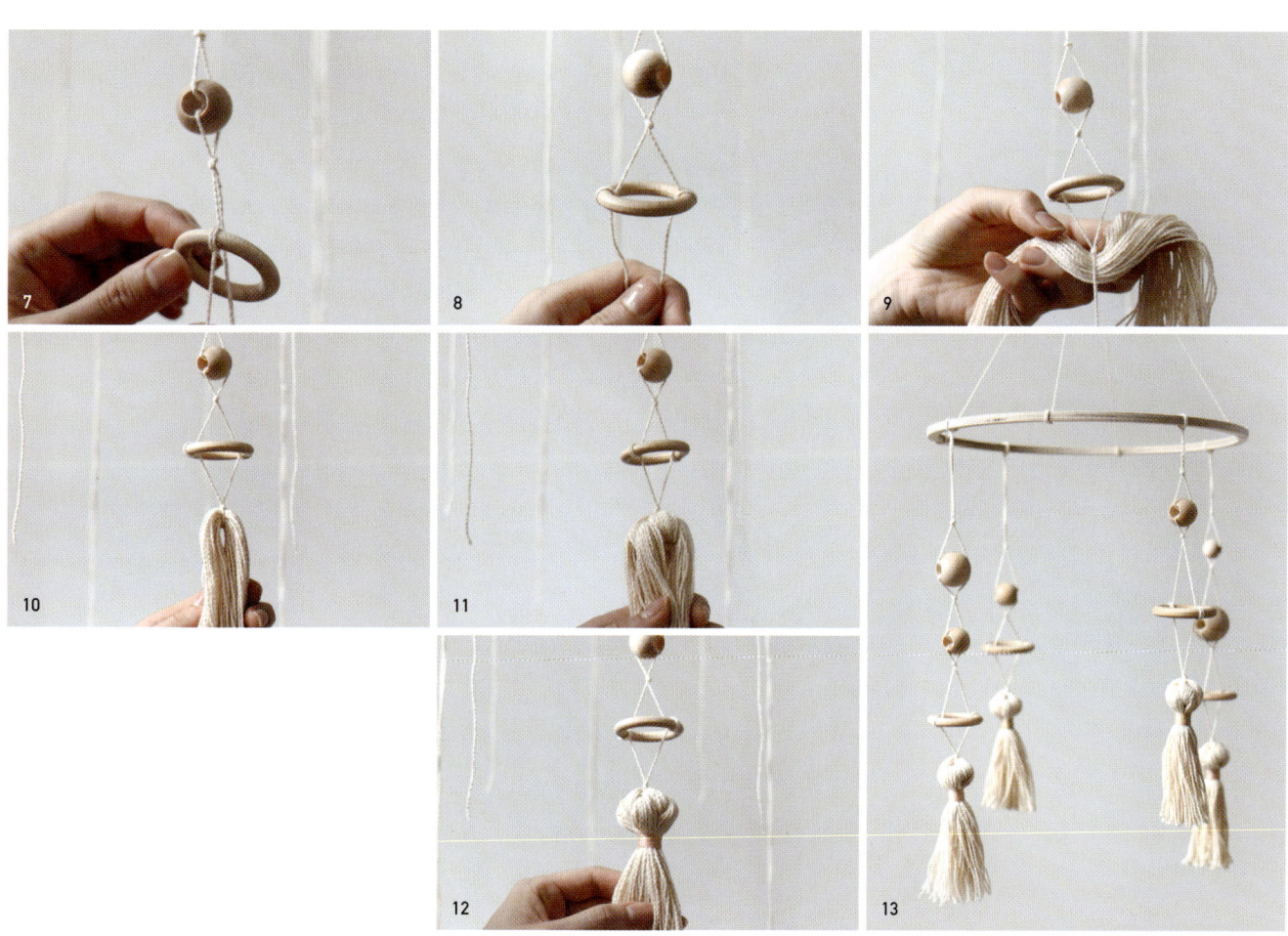

10. 태슬 줄의 1/2이 되는 지점 아래에 줄을 두 번 묶어 단단하게 고정합니다.

11. 태슬 줄을 크게 4등분해 크라운 매듭을 시계 방향으로 한 번 넣은 뒤, 가지런하게 정돈합니다.

크라운 매듭 : 058쪽

태슬 벽 장식 : 191쪽

12. 태슬 허리에 60cm 컬러 자수실로 랩핑 매듭을 넣고, 적당한 길이로 잘라 줍니다.

랩핑 매듭 : 036쪽

13. 4~12의 과정을 응용해 다양한 모양으로 모빌을 완성합니다.

나선형 매듭과 깃털장식이 이국적인

드림캐처

Dream catcher

잠자기 전에 드림캐처를 머리맡에 놓아 두면 나쁜 꿈은 잡아 주고 좋은 꿈을 꾸게 한다고 합니다. 전통 드림캐처에는 거미줄 모양의 그물이 있는데, 여기서는 나선형 모양의 매듭으로 만들어 봅니다. 가운데에 있는 작은 링에서 매듭을 시작하여 바깥의 큰 링과 연결합니다.

취향에 맞게 다양한 깃털과 구슬 등으로 장식해 주세요. 이어서 만들어 볼 인디언 텐트와 함께 매치하면 더욱 이국적인 아이 방 인테리어가 될 거예요.

Materials
- 90합(4mm) 면 로프 9m
- 48합(3mm) 면 로프 80m
- 지름 5cm 금속 링 1개
- 지름 30cm 금속 링 1개
- 길이 13cm 내외 깃털 장식 7개
- 컬러 자수실

Knots
- 라크스 헤드 매듭
- 평매듭
- 평돌기 매듭
- 교차 평매듭
- 프린지
- 코일 매듭

Preparation
- 90합 900cm 줄 1개(링 외곽 감는줄)
- 48합 100cm 줄 20개(링 안쪽 매듭)
- 48합 200cm 줄 10개
- 48합 50cm 약80개(프린지)

난이도 ●●●●○

11cm

1. 48합 100cm 줄 2개를 한 쌍으로, 지름 5cm 금속 링에 앞에서 뒤로 걸어 라크스 헤드 매듭을 넣어 줍니다. 이때 안쪽 2줄의 길이는 약 25cm, 바깥쪽은 약 75cm가 되도록 합니다.

   라크스 헤드 매듭 : 031쪽

2. 기둥줄이 되는 줄은 짧게, 엮는줄이 되는 줄은 길게 하여 10쌍을 모두 걸어 줍니다.

   ✤ **참고** 이어서 만들 평매듭의 기둥줄과 엮는줄이 됩니다.

3. 짧은줄을 기둥줄로 삼아 평매듭을 각각 5번씩 넣어 10개의 줄기로 만들어 줍니다.

   평매듭 : 038쪽

4. 매듭 길이가 약 11cm가 될 때까지 평매듭 아래에 평돌기 매듭을 넣어 줍니다.

   평돌기 매듭 : 043쪽

30cm 링에
연결하기

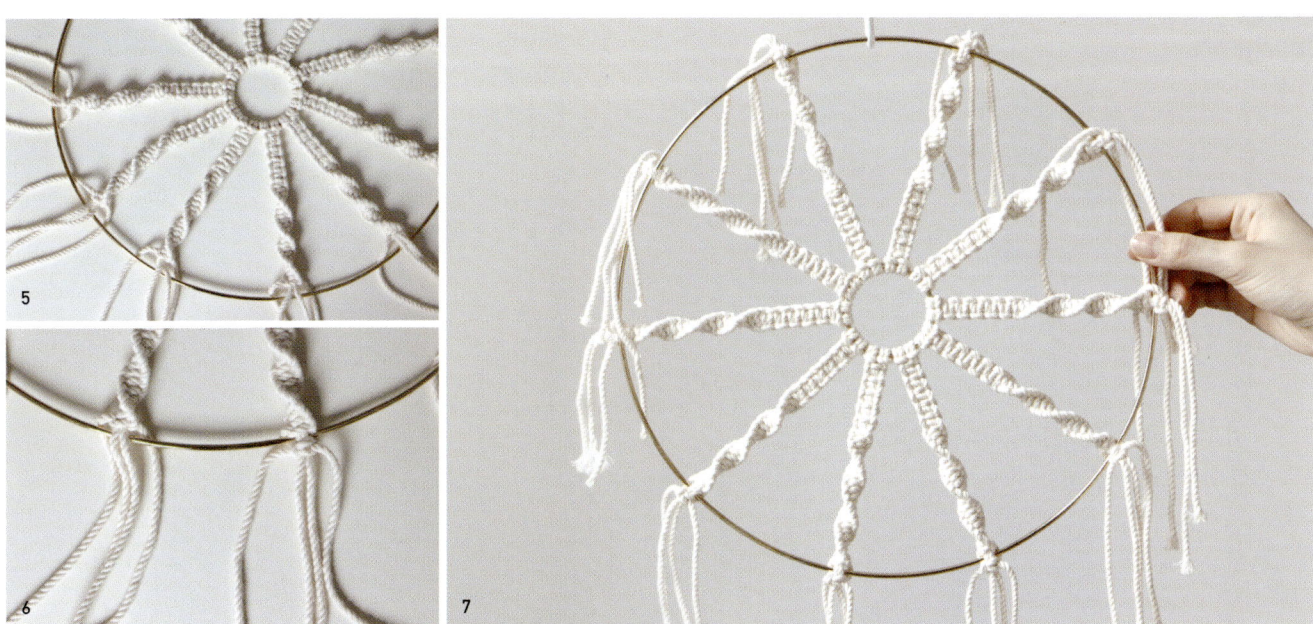

5. 매듭을 넣은 작은 링을 30cm 금속 링 중앙에 놓는데, 이때 각각의 기둥 줄은 링 위로, 엮는줄은 링 아래로 위치시킵니다.

6. 링 앞뒤에 있는 줄로 링을 포함해 평 매듭을 넣고 링과 연결시킵니다.

   ✤ **참고** 작은 링의 매듭이 길어 느슨한 느낌 이 들면 평돌기 매듭을 조금 풀어 팽팽하고 단단하게 연결합니다.

7. 팽팽하게 연결된 줄 사이사이의 공간 을 일정하게 맞춰 줍니다.

평 매 듭 으 로
링 감 싸 기

8. 90합 900cm 줄의 1/2 되는 지점을 링 뒤로 가져가, 링을 기둥줄로 삼아 평매듭을
2번 넣어 줍니다. 이때 10개의 평돌기 매듭 줄기에서 나온 2개의 줄도 기둥줄에
포함시켜 평매듭 안으로 숨겨 줍니다.

9. 평매듭 안으로 숨겨 둔 2줄의 남은
줄을 바짝 자르고, 이어서 평매듭을
7번 더 넣어 줍니다.

10. 평매듭 8번째, 9번째에 반대편 평돌
기 매듭 줄기에서 나온 2개의 줄도
매듭 안으로 숨긴 후, 남은 줄은 잘라
줍니다.

11. 엮는줄을 평돌기 매듭 뒤로 두고, 옆 칸으로 옮겨 이어서 8~10과 같은 방법으로 링 전체 외곽을 감아 줍니다. 평매듭은 모두 각각 9번씩 넣어 줍니다.

12. 매듭 모양을 고르게 정리합니다. 평매듭으로 링을 감고 남은 줄은 약 5cm 남기고 잘라 줍니다.

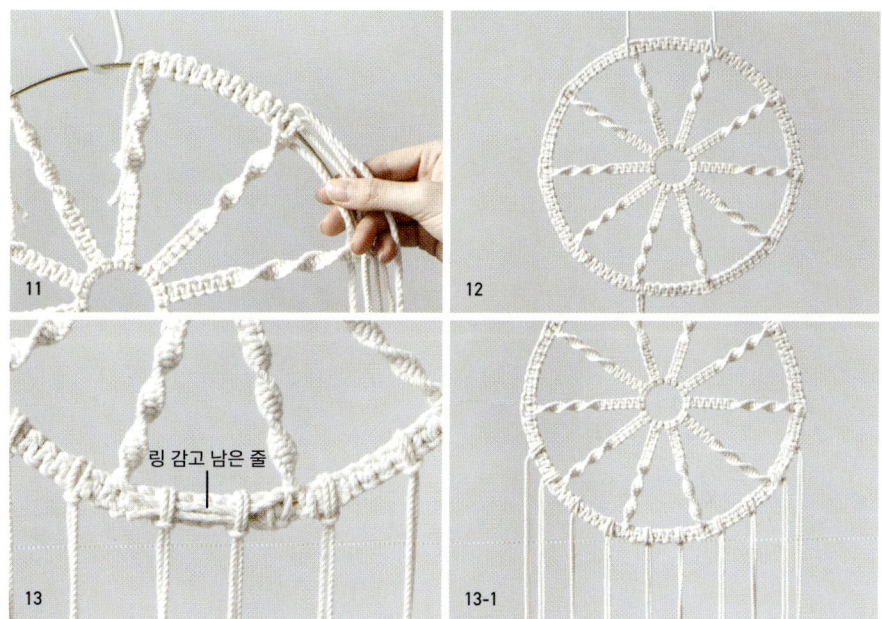

13. 링 아래 다섯 칸에 200cm 줄 2개씩 총 10줄을 반으로 접고, 뒤에서 앞으로 걸어 라크스 헤드 매듭을 넣어 줍니다.

🌸 **참고** 이때 링을 감고 남은 줄을 뒤로 숨겨 줍니다.

14. 링에서 5cm 아래로 내려와 2줄기씩 모아 평매듭을 3번씩 넣어 총 5줄기로 만들어 줍니다.

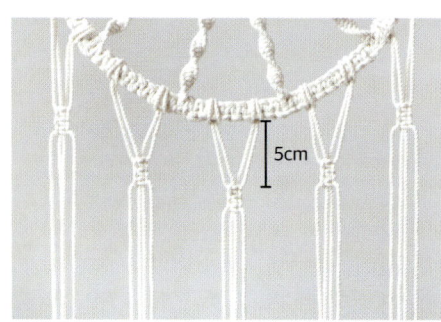

15. 하나의 줄기가 될 때까지 교차 평매듭을 넣으며 내려옵니다. 이때 교차 매듭간 사이를 조금씩 좁혀 줍니다.

교차 평매듭 : 040쪽

깃 털 장 식 넣 기

16. 남겨진 2줄을 엮는줄로, 깃털 깃대를 기둥줄로 삼아 평매듭을 4번 넣어 깃털을 고정시킵니다.

　참고 깃털 장식 넣는 방법은 깃털 생김새에 따라 달라질 수 있으며 여기서는 깃대가 있는 깃털을 이용했습니다.

17. 16과 같은 방법으로 원하는 위치에 깃털을 고정하고 남은 깃대는 가위로 잘라 줍니다.

18. 50cm 줄 80개를 양 끝 2줄에 뒤에서
앞으로 걸어 라크스 헤드 매듭을 넣
어 줍니다. 프린지가 만들어집니다.

프린지 : 077쪽

20. 길게 남은 줄은 코일 매듭으로 마무
리합니다.

코일 매듭 : 056쪽

19. 가위로 프린지 모양을 잘 다듬고,
빗으로 빗어 끝부분을 조금 풀어 줍
니다.

21. 완성된 드림캐처의 모습입니다.

날개 장식이 사랑스러운

아기 인디언 텐트
Baby teepee

좁은 공간 안으로 들어가기 좋아하는 아이들을 위한 인디언 텐트입니다. 아래로 면적이 넓어지는 삼각뿔 형태의 텐트를 만들기 위해 중간중간 줄을 추가는 방법을 알아봅니다. 제법 크기가 크기 때문에 엄두가 안 날 수도 있지만, 기본적인 매듭을 사용하기 때문에 보기보다 어렵지 않게 만들 수 있을 거예요.

여기에서 사용한 목봉의 길이는 180cm이고, 3개로 만들었지만, 목봉 개수를 늘려 바닥을 4각이나 5각으로도 만들어 보세요. 텐트 높이는 펼쳤을 때를 기준으로 150cm 내외입니다. 인디언 텐트용으로 타공된 목봉은 온라인에서 구입할 수 있어요.

Materials
- 푼사 또는 150합 면 로프(5mm) 179m
- 가로 180cm, 지름 2cm 타공된 목봉 3개

Knots
- 한매듭
- 라크스 헤드 매듭
- 평매듭
- 교차 평매듭
- 평돌기 매듭
- 교차 평돌기 매듭
- 사선 감아매기 매듭
- 코일 매듭

Patterns
- 그물 패턴

Preparation
- 200cm 줄 1개(타공에 끼우는 줄)
- 500cm 줄 4개
- 450cm 줄 16개
- 350cm 줄 20개
- 180cm 줄 2개(날개 장식)
- 90cm 줄 12개(날개 장식)

난이도 ●●●●○

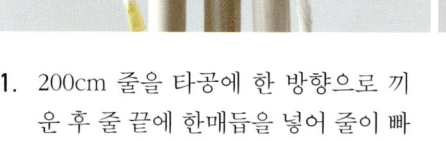

1. 200cm 줄을 타공에 한 방향으로 끼
   운 후 줄 끝에 한매듭을 넣어 줄이 빠
   지지 않게 합니다.

   한매듭 : 030쪽

   ✤ 참고 줄 끝을 테이프로 감아 단단하게 만
   들면 끼우기가 훨씬 수월합니다.

2. 1을 2~3번 더 단단하게 감아 둘러 줍
   니다.

3. 목봉을 정삼각뿔 형태로 펼친 후 아
   래위, 좌우로 돌려가며 단단하게 감
   아 줍니다. 높이는 150cm 내외로 맞
   춰 줍니다.

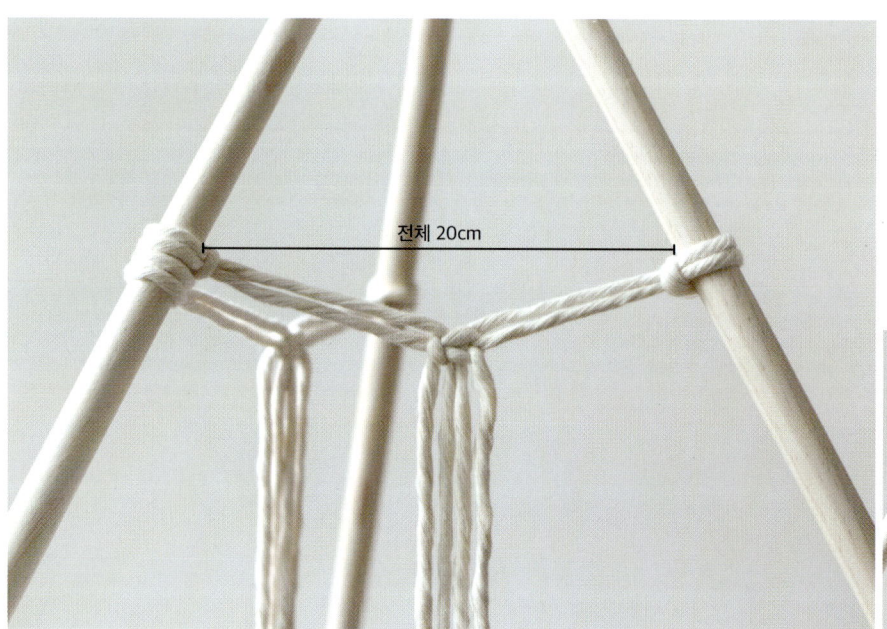

4. 삼각뿔의 3면 중 두 개의 면에 매듭을 넣습니다. 타공에서 약 30cm 아래 지점에
   500cm 줄을 반으로 접고 앞에서 뒤로 걸어 라크스 헤드 매듭을 넣습니다. 다른
   쪽 목봉에도 500cm 줄로 라크스 헤드 매듭을 넣고, 양쪽 줄을 가운데에서 평매듭
   으로 엮어 줍니다. 이때 줄로 만들어지는 가로 영역이 20cm가 되도록 합니다.

   라크스 헤드 매듭 : 031쪽

   평매듭 : 038쪽

5. 양쪽 면에 450cm 줄 8개를 앞으로 걸
   고 라크스 헤드 매듭을 넣어 줍니다.

목봉에 줄 연결하기

6. 목봉을 기준으로 양쪽면에서 2줄씩 가져와 목봉을 포함해 평매듭을 단단하게 넣어 줍니다. 그리고 안쪽의 기둥줄은 방향을 엇갈리게 'X'자로 가져다 놓습니다.

   ✤ **참고** 매듭을 이용해 각각의 면을 서로 엮어 주는 과정입니다.

7. 다시 삼각뿔의 면으로 와서 평매듭을 4번 넣어 1줄로 만들고, 교차 평매듭을 넣어 그물 패턴을 만들어 줍니다. 이때 오른쪽 끝에 2줄은 목봉을 한 번 휘감아 매듭을 넣습니다. 삼각뿔의 다른 한 면도 동일하게 넣어 줍니다.

   교차 평매듭 : 040쪽
   그물 패턴 : 070쪽

8. 6~7 과정을 5번 더 반복하여 총 7줄의 평매듭으로 이루어진 그물 패턴을 만들어 줍니다.

9. 7번째 평매듭 줄의 평매듭 사이사이에 매듭을 하나씩 더 넣어 보겠습니다. 양쪽 평매듭에서 엮는줄을 하나씩 가져와 기둥줄 없이 평매듭을 1번 넣어 줍니다. 평매듭 개수가 2배로 늘어나고 평매듭 아래로 기둥줄 2개씩만 남습니다. 이것은 다음 과정에서 줄을 추가할 때 필요합니다.

10. 오른쪽 끝에는 일반 평매듭을 넣어 줍니다. 다른 면도 같은 방법으로 만들어 줍니다.

11. 350cm 줄 10개를 매듭 사이사이에 1줄씩 앞에서 뒤로 걸고 라크스 헤드 매듭을 넣어 줄을 추가합니다.

12. 교차 평매듭을 2줄 넣고 그 아래로 평돌기 매듭을 6번씩 넣어 2줄을 만들어 줍니다.

평돌기 매듭 : 043쪽

13. 평돌기 매듭도 평매듭을 넣을 때와 마찬가지로 오른쪽 끝 2줄을 목봉에 휘감아 매듭을 넣어 목봉과 이어 줍니다.

14. 13의 아래로 교차 평매듭을 5줄 만들어 그물 패턴을 만듭니다.

15. 마지막 줄은 9와 동일하게 기둥줄 없는 평매듭을 넣어 줍니다.

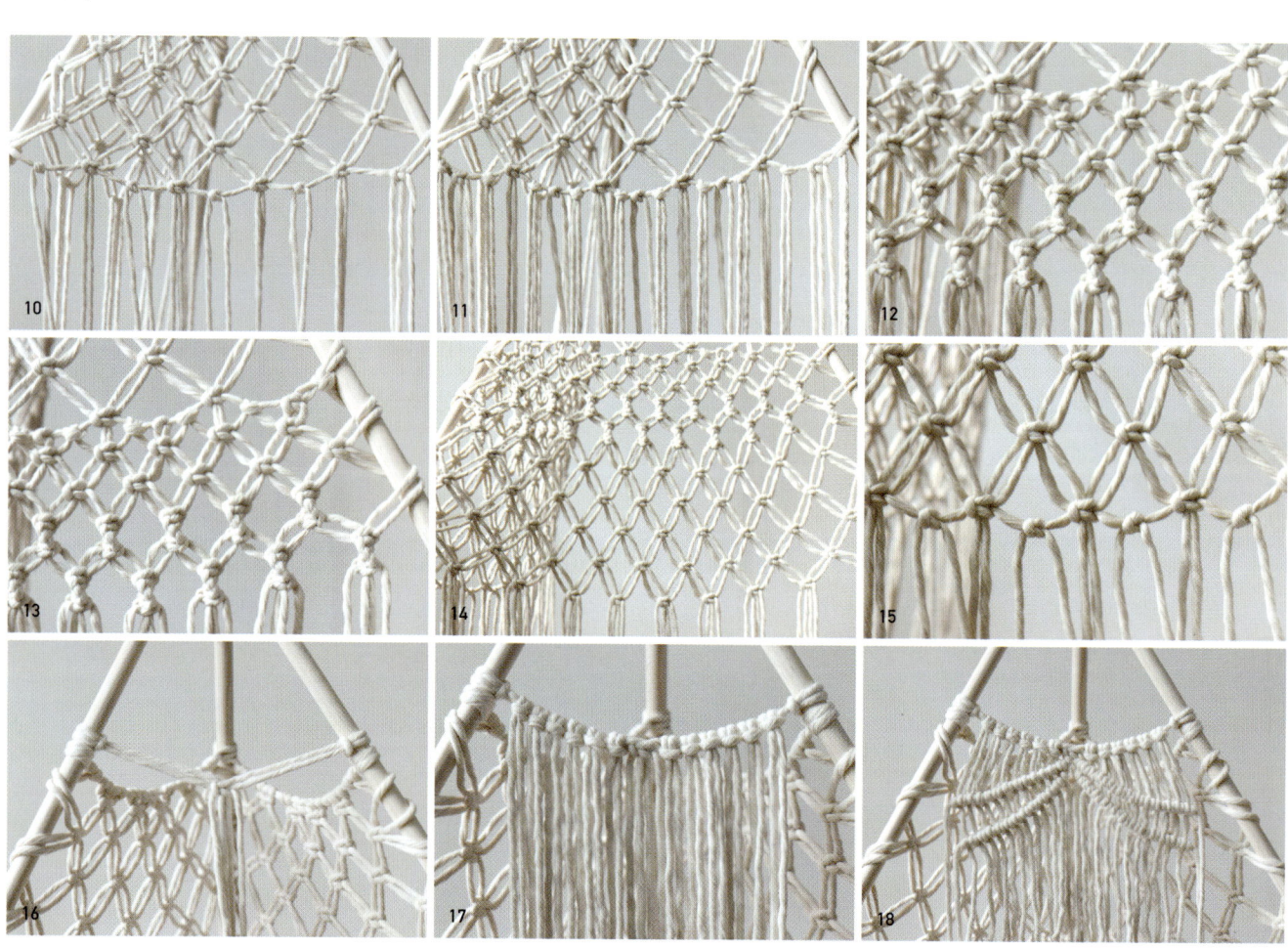

날개 장식 만들기

16. 삼각뿔의 3면 중 비어 있는 면에 매듭을 넣습니다. 목봉 위쪽에 180cm 줄을 반으로 접고 앞에서 뒤로 걸어 라크스 헤드 매듭을 넣은 다음, 가운데에서 평매듭으로 엮어 줍니다.

17. 90cm 줄 12개를 반으로 접고 앞에서 뒤로 걸어 라크스 헤드 매듭을 넣어 줍니다.

18. 가운데 2줄을 기둥줄로 삼아 사선 감아매기 매듭을 넣어 줍니다. 이때 2줄의 사선 감아매기 매듭을 만들어 주되, 곡선 느낌이 나게 줄 높이를 조금씩 조절해 주세요.

사선 감아매기 매듭 : 046쪽

19. 아랫줄을 날개 모양으로 잘라 다듬어 준 다음, 감아매기 매듭의 기둥줄 4개를 양쪽 목봉에 감아 매어 고정합니다.

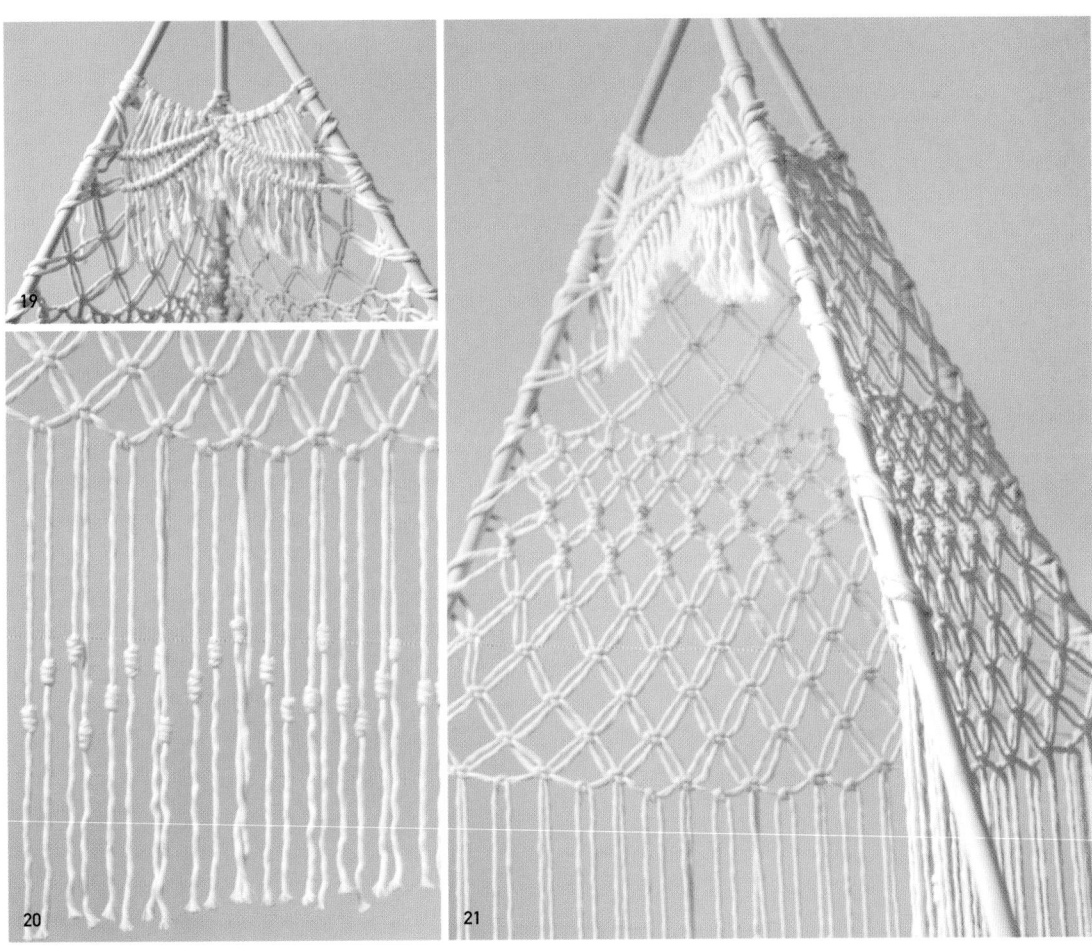

20. 텐트의 가장 아랫부분은 코일 매듭으로 장식하여 마무리합니다.

　코일 매듭 056쪽

21. 완성된 아기 인디언 텐트입니다. 매트나 쿠션을 넣어 아늑하게 꾸며 주세요.